Camino a la Libertad:

Liberación Espiritual, Afectiva, Económica y en el Disfrute

toioines2@yahoo.com.ar

Dedicado a:

Andy Beutín.

Con su ejemplo, su testimonio, y su ayuda, nos alentó a seguir creciendo en un área que teníamos olvidada.

Querido Andy:
Ahora nos miras desde el cielo, y seguramente que intercedes para que estos párrafos lleguen a muchos.

Inés y Toio

3

Agradecimientos:

Como siempre, cada nuevo paso que damos está sostenido por un montón de personas queridas que nos acompañan, alientan, y estimulan.

Gracias a Shil Otamendi, por el tiempo dedicado al diseño de cada una de las obras que vamos proponiendo.

También gracias a Nora Ivars por las correcciones de los manuscritos y por su delicadeza.

Gracias a Magui Petruzzello por su apoyo y su acompañamiento.

Muchas gracias a todos aquellos amigos cercanos que nos iban preguntando y alentando a diario sobre el desarrollo del libro o de los talleres que instrumentamos.

Muchas gracias a Dios por su infinita ternura.

Muchas gracias a la Virgen María, por ser intercesora fecunda y testigo privilegiado de nuestro crecimiento.

toioines2@yahoo.com.ar

Camino a la Libertad

Introducción

¡Hola querido amigo lector!

Lo que vas a leer en las próximas páginas posiblemente te cambie la vida para siempre!!!.

Para nosotros es un honor poder estar aquí junto a ti.
Tal vez ya nos conocías por nuestro libro anterior llamado "*Teoterapia: Sano y Santo*".
Si no es así, entonces bienvenido para caminar juntos por una aventura que te llevará hacia la concreción de tus mayores sueños y anhelos.

No es nada fácil apartar un poco de tiempo para intentar leer un libro que no sabemos si nos dará frutos o no.
Por eso que hoy estés aquí significa que eres ¡un aventurero o una aventurera enorme!

Quien comienza a leer una obra como ésta, es seguramente alguien muy arriesgado.
Pero pensamos que estas próximas páginas te van a encantar.

En ellas te vamos a compartir un montón de ideas, probadas, para poner en práctica de manera que crezcas sin límites en diferentes áreas de tu vida.

De otra forma, si continúas haciendo las mismas cosas que hacías hasta hoy tu vida nunca cambiará.
Es decir que para cambiar tendrás primero que cambiar tu sistema de creencias.

Por ello, que hoy estés aquí leyendo este libro y compartiendo tu tiempo con nosotros, es señal que eres una persona sumamente motivada, y que estás haciendo lo necesario para mejorar tu vida.

Con esta iniciativa tuya, junto a las ideas que te compartiremos, haremos un cóctel interesante, que tendrá gusto a cambio, aroma a alegría, y textura de felicidad.

Lo cierto es que son **pocos** los que realmente hacen algo para cambiar sus vidas.

Muchos desean un cambio, desean mejorar, desean nuevas oportunidades, pero ese deseo se congela en sólo eso.

De los pocos que intentan hacer algo para transformar sus vidas, muchos menos son lo que perseveran en el intento hasta lograrlo.

Por ello, hoy comienzas este nuevo libro y eso te instala en ese primer grupo de personas que intentan hacer algo.

Pero ¡falta todavía que **perseveres** en aquello que aprendas!

Si no logras tal perseverancia, entonces todo este esfuerzo en tiempo, tal vez en dinero, no servirá de mucho.

Es más, puede llegar a ser contraproducente que comiences algo que luego no perseveres con una **"determinada determinación"**, como decía una gran personalidad de hace varios siglos. La falta de perseverancia podría darte la sensación de haber intentado algo y haber fracasado en el experimento.

Si eres de los lectores que antes nos conociste en el libro anterior tal vez hayas aprendido más sobre la magia de la perseverancia y de qué manera afrontarla.

Si eres novel en esta lectura, entonces intentaremos darte a conocer un camino nuevo que posiblemente te entusiasme tanto, pero tanto tanto, que logres con ese fervor quebrar las posibles resistencias interiores y exteriores que vayas encontrando por el camino.

Pero antes queremos comenzar pidiéndote **perdón** porque mucho de lo que expongamos en las próximas páginas podría haber sido expresado de manera más adecuada por otros autores con mayores letras o genio literario.

O tal vez, al querer compartirte este conocimiento con entusiasmo, el cual posiblemente te ayude así como nos ayudó también a nosotros, puede parecer que nos colocamos en un lugar de "**maestros medios soberbios**".

Nada más alejado que eso!!!, no somos tus maestros sino que somos "**testigos**" de aquel proceso que liberó nuestras vidas!!!

Al mismo tiempo nuestro **entusiasmo**, o pasión por aquello que te compartiremos, puede llegar a hacernos jugar una mala pasada porque tal vez nos haga querer comunicarte muchas ideas al mismo tiempo, y que en lugar de aclarar conceptos, tales pensamientos terminen oscureciéndose.

Por ello te recomendamos que leas todo y te quedes con lo **mejor**, y que lo que sobra simplemente ¡¡¡lo arrojes a la papelera de reciclaje!!!

Pero vayamos pronto al comienzo...

Capítulo 1

Arriba de un tractor en Maui…

El mar irradiaba aromas de primavera aun cuando todavía el viento del sector Este impedía que la fragancia suavizara el olfato.

Con ese maravilloso paisaje frente a mí, el pensamiento comenzó a discurrir entre momentos del pasado que habían marcado mojones en el sendero de la vida.
Ya habían transcurrido varios años desde que había oído nombrar sobre desarrollo y crecimiento personal.
Ya habían también alcanzado un fuerte grado de madurez mis afectos.
Y en tal sentido podía en aquel momento explicar el por qué un camino de crecimiento personal me había llevado a donde estaba en la actualidad.

Ahora encontraba un nuevo desafío. Un interrogante surcaba los mares de mis pensamientos: ¿cómo hacer para **comunicarte** a ti lo aprendido de manera de que podamos alegrarnos juntos por los progresos que tal conocimiento pueda hacer en tu historia?

Decidimos en aquel momento, junto con Inés, mi esposa, describirte en los siguientes párrafos cómo fue que me topé con aquello que te queremos compartir.

Si bien los párrafos siguientes están escritos en primera persona, los contenidos fueron diseñados y seleccionados por **ambos**.
Hecha la aclaración, vayamos a los comienzos en los cuales me encontré con dos grandes referentes que con sus enseñanzas me cambiaron la vida…

En el paraíso geográfico...

Fue entonces cuando mis recuerdos volaron a miles de kilómetros de distancia y se posaron en unas islas remotas del otro lado del mundo. Allí, 20 años antes, había escuchado por primera vez sobre la capacidad que tiene la psicología para provocar grandes cambios personales.

Había escuchado en programas de televisión o en libros de divulgación masiva, sobre el poder de la mente, la fuerza del pensamiento positivo, las estrategias para delinear metas y objetivos, y otros tantos temas similares.

Pero mis aptitudes personales **carecían** de **capacidades** y **virtudes** para sentirme fuerte en aquellos carismas.

Era enero de 1990, mientras recorría, sobre un pequeño tractor, una Sod Farm (campo de crecimiento de pasturas para campos de golf).

Sentado allí sobre el tractor aprovechaba el recorrido escuchando por auriculares la radio local de Maui (Hawai).

De repente, en aquel entonces, el locutor introdujo la publicidad de unos **audiocursos** que dictaba **Anthony Robbins.**

La curiosidad había impactado mi tímpano. Además, ¿qué podía perder? ¡Aquella publicidad proponía la posibilidad de **devolver** el curso y el dinero invertido en caso de que no cumpliera con las expectativas del cliente!

Soy un tanto **pasional**, algunos me critican esta característica describiéndome como un poco **acelerado** con las cosas que me apasionan. Lo cierto es que minutos después, y haciendo gala a la virtud/defecto antes descripta, estaba encargando la propuesta vía telefónica.

Nunca sospecharía que tan sólo por los doscientos dólares invertidos, en aquel entonces, recibiría un material que sería el puntapié inicial que cambiaría mi vida para siempre.

El poder de la oratoria de Tony Robbins me sedujo, pero mucho más las técnicas motivacionales que proponía.

Allí había un curso en audio que iría desmenuzando día a día, y que seguiría con los ejercicios propuestos disciplinadamente para poder evaluar, más tarde, si verdaderamente los frutos que proponía eran reales o ficticios.

Sorprendentemente, poco tiempo después, noté que los acontecimientos en mi vida irían girando alrededor de lo que estaba aprendiendo y mi situación viró profundamente para la dirección que anhelaba avanzar.

Hasta aquel momento me encontraba **flotando** según la corriente de turno, aunque arrastrado por pasiones como el surf o el golf que dejaban que el timón colocara algún horizonte.

¡¡¡De hecho, estaba en Hawai!!! tierra del Surf y del Golf. El lugar en donde había soñado estar desde muy chico cuando ojeaba la revista "Surfer" que mostraba las olas más maravillosas del mundo pero sin entender su contenido porque no sabía nada de inglés.

Los meses transcurrieron emprendiendo un viaje en el cual la bitácora de abordo iría señalando progresos y también fracasos. Pero había una gran diferencia con el pasado porque ahora la brújula comenzaba a indicar que las direcciones emprendidas eran **conscientes** y **voluntarias** y no azarosas como hasta aquel entonces.

Había avanzado muchísimo en la vida, y lo que en un primer momento me había seducido de la psicología que proponía Tony Robbins, ahora era parte de mi vida.

Hasta había obtenido un título universitario de Licenciado en Psicología en tiempo record de tres años y medio en la prestigiosa Universidad de Buenos Aires. ¡Acuérdate que soy un poco acelerado con lo que me apasiona!.

En Hawai, pocos meses después de conocer a Tony Robbins, mi vida también se topó con otra personalidad que marcaría mis senderos posteriores. Se llamaba **Trinidad Hunt**, una gran mujer del Espíritu.

Trinidad trabajaba dictando talleres y seminarios, de última generación, para empresas.

Articulaba los seminarios con profundas raíces **espirituales** personales que le otorgaban a sus talleres la consistencia necesaria para ubicarla como autoridad frente a sus alumnos.

Llamativamente sus propuestas iban de la mano de lo que había aprendido con Tony, pero con un **valor agregado** de **espiritualidad** que harían de su propuesta otro apetecible encuadre para mi vida.

Digo "llamativamente" porque **"espiritualidad"** y **"crecimiento económico como empresario"** son temas que frecuentemente se encuentran **divorciados**, y tal separación marcó parte de mis **incoherencias** posteriores.

Hoy, tales recuerdos me hacen distinguir que los caminos recorridos me habrían de llevar, 20 años después, a estar nuevamente frente al mar, pero ahora en una pequeña ciudad llamada Miramar, al sureste de la Provincia de Buenos Aires en Argentina.

Allí sentado, observando el mar sereno de aquella mañana, habían desfilado días, meses y años de mi vida en pocos segundos.

Enriquecido por los frutos de los **mentores** señalados, habían transcurrido los siguientes años profundizando en asuntos de psicología y espiritualidad, a tal punto que había escrito junto a mi mujer Inés un libro que introduciría a las **nueve etapas** en que el alma atraviesa un proceso de crecimiento interior que la lleva a los más altos y anhelados estados de plenitud y alegría.

Ese libro se llama "*Teoterapia: Sano y Santo*".

Tal título marca obviamente en qué materias habíamos invertido los últimos años de nuestra vida. Materias que además nos **unían** como pareja.

Sin darme cuenta, al aprender sobre "espiritualidad" había caído en cierto **maniqueísmo** falso que me había incrustado en una gran separación entre el camino de crecimiento espiritual y el camino de crecimiento económico.

El maniqueísmo es una forma de ver al mundo como dividido entre "bueno" y "malo". Fue una herejía que San Agustín, en sus tiempos, intentó combatir con

11

excelente pluma y oratoria. Pero las herejías se reeditan periódicamente y se esconden detrás de nuevos disfraces.

En la actualidad el maniqueísmo es utilizado por políticos, empresarios, o por religiosos que intentan ubicar a sus opositores del lado del "mal", y ubicarse a ellos mismos, obviamente, en la vereda contraria.

Pero el maniqueísmo también se puede instalar en nuestro propio sistema de creencias y señalar, por ejemplo, que todo lo que haga dentro del área "espiritual" es **bueno y santo**, y todo el tiempo que dedique a estar más saludable, ir a un gimnasio, hacer una dieta, aprender sobre economía, inversión, o finanzas personales, ir de vacaciones a un lugar soñado, es **"malo" o poco "espiritual o tiene un tinte de "avaricia y hedonismo"**..

Dentro de los ambientes religiosos esta postura es bastante frecuente. ¡¡¡De hecho cualquiera que viera el último extracto de mi tarjeta de crédito o el resumen del banco podía notar el punto!!!

Había dado inmensos pasos en lo espiritual, pasos de gigante decía una gran santa, y a tal punto que ahora era considerado como un referente y una autoridad en la materia. Nos invitaban desde ciudades lejanas para dar retiros y talleres sobre espiritualidad y desarrollo personal.

Dentro del mundillo de personas que quieren crecer en Espiritualidad éramos considerados como referentes junto a mi mujer. Pero el que no creía en que éramos referentes era "**mister tarjeta de crédito**".

En el mundo de las **finanzas personales** me había hecho poco a poco un **esclavo**. Y peor aún, no hablaba con nadie al respecto, excepto con Inés que compartía conmigo similitudes en cuanto a la ignorancia del tema, más allá de que ella era un poco más trabajada en el área del ahorro.

La **ceguera** en esta cuestión económica es lógica porque en el mundo de la vida espiritual la economía personal no es un tema de interés. En los grupos

toioines2@yahoo.com.ar

que frecuentábamos la disposición sobre estos asuntos era totalmente negativa.

De hecho, luego de una pequeña investigación casera sobre cómo estaban nuestros amigos en materia de economía personal, había arribado a la conclusión que sus hojas de cálculo podrían resumirse de la siguiente manera: ¡"a tres meses de la quiebra"!.

Mi columna de gastos superaba en varios centímetros la de los ingresos, y eso era así más allá de que intentara a fuerza de pulmón seguir las enseñanzas de austeridad que me había legado el camino de espiritualidad.

Lo cierto es que más allá de lo **austeros** que queramos ser, una vida de matrimonio con tres hijos supone gastos mensuales concretos.

Algunos vivirán con mil pesos por mes, otros con dos mil, otros con tres mil, otros con un millón, pero cada uno necesita llegar a obtener mensualmente un mínimo acorde con su ciclo vital, con su estado de vida, o con su nivel socioeconómico.

Sobre cómo hacer para lograr obtener tales **ingresos** no era la materia en la cual había focalizado en los últimos años, y los centímetros de tinta roja que marcaban los balances personales eran testigos de tal afirmación.

Pero mi investigación continuó y noté que en materia de **cuidados corporales** también se notaba el maniqueísmo.
Yo tenía varios kilos de **sobrepeso**, y advertí también que entre mis amigos "espirituales" el sobrepeso, y la falta de un ejercicio sano, eran moneda corriente.

Ni hablar de **vacaciones**. Había muchas mujeres y hombres de nuestros grupos conocidos que no se habían tomado vacaciones en los últimos años.

Otros muchos de ellos tenían **vínculos** familiares bien **deteriorados** porque no le habían dedicado tiempo al disfrute con la familia. Algunos de ellos habían justificado la falta de vacaciones por la idea de dedicarse a "cosas más importantes".

Para algunos, eso "más importante" era hacer un retiro espiritual; para otros, juntar para la casa propia; para otros, la falta de dinero para irse de vacaciones.

Todos estos motivos son bien importantes y no estamos aquí para discernir si es más importante realizar un retiro o irse de vacaciones, o es más importante tener la casa propia o irse a un spa para relajarse. Eso dependerá del estado interior y de la situación personal y familiar de cada persona. Pero lo que realmente quiero destacar es que **cada uno de** estos valores es importante, y **todos** ellos deberían estar en la vida de cada persona.

Repito:

TODOS ESTOS VALORES DEBERÍAN ESTAR PRESENTES EN LA VIDA DE CADA PERSONA.

Muchos escogen uno de ellos a costa de los otros sin saber que la vida se puede programar de manera de alcanzar lo que es más importante para uno.

Es importante la casa propia, pero también son muy importantes las vacaciones, y también es súper importante realizar un retiro, al menos, anualmente.

Es imprescindible también realizar ejercicios a diario, acceder a algún deporte y tener una dieta saludable, aprender a ahorrar y a invertir nuestros bienes.

También es importante dedicar un tiempo personalizado para cada miembro cercano de la familia, dedicar tiempo para la familia ampliada.

Es fundamental dedicarle un buen tiempo a la vocación, y también es súper importante dedicar tiempo a los amigos, a las relaciones sociales y comunitarias.

Es importante, increíblemente importante, dedicar tiempo a la formación en alguna área, y también... tú puedes seguir llenando estos puntos suspensivos.

Pero hay personas que matan a alguno de estos valores importantes y luego notan que la vida no es plena. Para vivir en plenitud **todos** ellos deberían estar con una frecuencia adecuada.

Por eso amigo lector:

¿Están presentes estos valores en tu vida?

Vuelvo a esa mañana de mar sereno...

Allí sentado y disfrutando de la fragancia que sólo el que vive frente al mar puede darse el lujo de gustar, podía notar que había comenzado una nueva etapa, tanto en mi vida como en la de Inés.

¡Hoy queremos compartir contigo esta experiencia, para animarte a dar un nuevo salto que te lleve a la libertad más absoluta y concreta que jamás te hayas imaginado...!

Capítulo 2

¡¡¡La trampa !!!

No sé si te ha sucedido que hablas para ti mismo mientras caminas por la calle o mientras manejas tu vehículo. A esa experiencia se le llama **"diálogo interno"**.

Te comparto un diálogo interno que era muy frecuente en mi vida en los últimos meses y podía sintetizarse de la siguiente manera:

"¿Cómo hago para pagar las **deudas**?"

Con tal pregunta en mi mente surgían las siguientes **respuestas**:

"¿La comida? no se puede reducir infinitamente, se pueden dejar de lado las gaseosas de marca y algunas excentricidades, pero un mínimo habrá que sostener" –decía mi lógica interior-.

"¿El colegio de los chicos? El colegio al cual concurren es económico. Si bien es un colegio privado, la cuota no representa diferencias con un establecimiento del Estado" –se defendía así la institución escolar en mi diálogo interior-.

"¿El auto? Es modelo 1987, es decir ¡¡¡veintitrés años de antigüedad!!! Si lo vendemos, nos movemos caminando o en bicicleta porque otro auto más antiguo casi no existe, excepto los de colección ¡pero son muy caros!".

Mi diálogo interno continuaba discurriendo razones y decía: "pero entonces si vendemos el auto se incrementan los gastos de colectivos, taxis, remises. Además el auto se mueve a gas (combustible muy económico en Argentina) – contestaba mi pensamiento"-.

"¿La ropa? Tal ítem representa sin compasiones la situación económica. Ninguna prenda nueva y alguna que otra media para el pie expresa su solvencia a través de algún orificio!" –respondía criteriosa e irónicamente mi cerebro-.

¿Has tenido alguna vez un diálogo interior como este?, seguramente que sí. Pero por supuesto es difícil hablarlo con alguien ¿No es cierto?

Dado que las estrategias de **reducir** el **gasto** no estaban dando los frutos esperados, se me ocurrió entrarle al problema por otro costado. Si el rojo de los gastos no se puede reducir, más allá de que lo intentaba desapegándome del dios dinero franciscanamente y evitando todo consumo innecesario, entonces ¿qué se puede intentar hacer?,

¡¡¡Fácil y obvio!!! Intentaré entonces **aumentar** los **ingresos**.

Para un psicólogo como yo (que entre paréntesis es una carrera profesional que siguen muchos que no son muy fanáticos de los números, las matemáticas y la contabilidad) las formas de generar más ingresos se reducen a algunas pocas ideas. Aquí te comparto las primero cinco ideas que se me ocurrieron:

1. aumentar los **honorarios** profesionales a los pacientes
2. atender más **pacientes**
3. buscar un trabajo institucional como psicólogo que ofrezca **mayor salario**
4. estudiar algún **postgrado** para solicitar aumentos de salario acorde con los estudios avanzados, o que tal estudio permita conseguir un empleo mejor remunerado.
5. ¡¡¡solicitar un **préstamo**!!!

Como ves, la lista no es muy extensa y aparenta ser bastante lógica.
Tan lógica es, que puse manos a la obra e intenté dar pasos en cada uno de los puntos señalados.

Mi diálogo interior parecía haber comenzado a dar buenos frutos, y como soy un poquito acelerado busqué rápidamente focalizar en lo que tenía que hacer para crecer en cada señalamiento. No me di cuenta que me estaba encaminado hacia una **trampa**...

Cada paciente que entrevisté esa semana se enteró que el costo de los honorarios profesionales **aumentaría** al mes siguiente un veinte por ciento.

Llamé a la secretaria y le encomendé que me buscara más horas de disponibilidad en el consultorio particular, que compartía con otros colegas, para poder atender otras tardes de la semana.

Tengo un trabajo como Psicólogo en un Tribunal de Menores. Es un salario bastante mejor que la media institucional para este tipo de profesionales, y además ya había hecho un postgrado en Psicología Sistémica que me había favorecido para poder ingresar en el ámbito de la Justicia.

Por lo tanto me decidí a buscar mayor capacitación comenzando una nueva **carrera universitaria** que me sirviera en la institución que trabajaba. Empecé a estudiar Abogacía de manera que luego de algunos años de estudio, con el sólo hecho de ser abogado, me aumentarían el salario en el ámbito de la Justicia.

Por último, en el ítem de los **préstamos** personales bancarios me parece que fue el que mayores pasos di.
Pocos meses después de haber diseñado el plan maestro estaba ¡endeudado hasta la ceja!.
Dos cuentas corrientes en rojo, ocho tarjetas de crédito con abundantes créditos de consumo. Y al mismo tiempo estaba intentando conseguir un buen crédito hipotecario para comprar una vivienda dado que hasta el momento alquilábamos un departamento.

Por un lado, percibía una fuerte sensación de bienestar porque estaba **perseverando** en un plan que parecía exitoso. De hecho muchos me felicitaban por haber comenzado una nueva carrera universitaria.

Pero la plenitud pronto se iría opacando porque los centímetros del listado de gastos de la planilla del balance personal se seguían incrementando y la columna de ingresos aumentaba en milímetros. Algunas estrategias parecían sólo una buena **promesa a futuro** pero **nada para el presente**.

Es decir que la estrategia no estaba dando resultados. ¿Qué pasaba?

Hagamos unos ejercicios juntos. Intenta contestar las siguientes preguntas.
¿Tus finanzas personales se asemejan al ejemplo anterior?
¿Qué intentaste hacer para solucionar tus balances?

Puedes notar que las soluciones propuestas **parecen lógicas** pero, a la larga, no dan resultados.

Aparentemente hay una **trampa lógica** en estas soluciones.

Lo que no dice la estrategia anterior es que en la vida, los gastos personales se irán incrementando acorde con la evolución del ciclo vital.
Un matrimonio con hijos seguramente necesitará mayores ingresos a medida que se desarrolla el grupo familiar o crecen los niños.
Además cuestiones como la vestimenta también necesitan mejorarse con la edad. Cuando se es adolescente da lo mismo usar un pantalón de jean medio gastado o zapatillas algo descocidas o rotas, pero a los cuarenta años la ropa necesita mantener otro perfil.
De igual manera se necesitará cambiar el auto o el tamaño de la casa.

Fíjate como la estrategia anterior tenía en cuenta alguna forma de aumentar los ingresos pero no tenía en cuenta cómo se irían incrementando los gastos.

Otro punto a no pasar por alto es que la estrategia de intentar aumentar los ingresos lleva indefectiblemente a **aumentar** también las **horas laborales**. A raíz de ello los **vínculos familiares** pueden quedar **afectados** como consecuencia del menor tiempo que se les dedica.

Una cosa trae aparejada a la otra, y tiempo después no sólo se tienen problemas económicos, porque pareciera que nunca alcanza con lo que uno gana, sino que además se ingresa en posibles problemas vinculares con el entorno familiar que agravan aún más la situación.

Algunas personas más ordenadas en lo financiero tal vez no tengan grandes deudas virtuales en tarjetas o cuentas corrientes.

Otras personas quizás respondan a diferentes creencias familiares heredadas, en las cuales gastar con tarjeta de crédito es algo mal visto.

Si estas dentro de estos últimos grupos tal vez igualmente sientas que tus ingresos no crecen al mismo ritmo en tu vida que los gastos.

He conocido muchísimas personas con formación virtuosa en llevar una **vida austera**, y que mantienen total desapego en cuestiones de gastos suntuosos, pero que de cualquier manera no llegan a fin de mes con los gastos mínimos.

Por ello hay momentos en que la estrategia financiera personal no depende sólo de una actitud de **no querer vivir más allá de las posibilidades personales** sino que, haga lo que uno haga, pareciera que nunca alcanza para abarcar los gastos mínimos de subsistencia.

¿Vas entendiendo ahora el punto al cual quiero arribar?

Allí me encontraba entonces entrampado en una situación en la cual más allá de tener un plan aparentemente sólido, mis finazas personales iban derechito a la quiebra.

Un amigo, a quien está dedicado este libro, me había dicho el verano anterior, una idea simple. Tal vez la había escuchado cientos de veces anteriormente, pero que en ese momento, en el cual me la repitió, el concepto caló hondo en mi interior: **"si gastas más de lo que te ingresa, pronto será insostenible…".**

¡Parecía algo tan sencillo y cierto!. Ahora estaba gastando más de lo que me ingresaba en los últimos meses, y el balance de las tarjetas de crédito explicaba gráficamente tal profecía.

Pero... ¿cuál era el problema?, ¿Cuál era la verdadera raíz del problema?

Aquí estaba yo que me sentía privilegiado y agradecido porque había tenido la oportunidad de conquistar un título universitario y también había podido ingresar en una institución que ofrecía relativamente buenos salarios y seguridades.

Si yo, con esas facilidades, no podía enfrentar el simple desafío de llegar a fin de mes, entonces ¿qué le quedaría a aquellos que no tenían esas mismas oportunidades en la vida?

Cuando uno mismo se hace este tipo de preguntas, en principio, te asaltan innumerables respuestas instantáneas pero posiblemente falsas, aunque suenen lógicas.

Si verdaderamente quieres salir adelante, crecer en libertad financiera y dejar de ser esclavo de las situaciones descriptas anteriormente deberás saber que el problema no es tan sencillo de responder.

Para resolverlo se requiere una explicación que surge como fruto de un proceso de crecimiento que me encantaría compartir contigo.

Así como en nuestra vida con Inés el área económica estaba pasando por la quiebra mientras crecíamos en espiritualidad, tal vez en tu vida tengas algún área que parezca incoherente respecto de las demás.

Cada área es muy importante. Si en una de ellas te fuera muy **mal**, esa situación posiblemente comenzará a impregnar las restantes áreas.

Pero si en un área logras dar pasos de **éxito**, seguramente que será más fácil dar pasos en las otras áreas.

Conozco muchas personas que sólo han focalizado en un área en sus vidas y no gozan de la plenitud que podrían alcanzar si conocieran cómo dar pasos en las otras.

Nosotros habíamos dado inmensos pasos en lo espiritual, pero nuestra economía personal estaba quebrada.

Otros tal vez necesitan dar pasos en lo espiritual, en lo afectivo, en lo vincular, en la manera en que disfrutan la vida o en su relación con Dios, en la relación consigo mismos o en la manera de encarar lo laboral, en intentar mantener un peso corporal adecuado o en la perseverancia en el ejercicio o en un deporte.

Para que veamos nuestra vida con mayor claridad te propongo dividir pedagógicamente las diferentes áreas en **cuatro** muy importantes, y que tienen a su vez algunas sub áreas.

La primera de esas áreas la llamaremos: **Espiritualidad e Intimidad**.

Es un área a la cual pocos le prestan una atención acorde a su importancia. Se trata justamente de **conocerse a sí mismo** y de abrir un **espacio interior** de meditación e intimidad.

Para los creyentes es el contacto frecuente con su **Creador,** que es la fuente de donde abrevar agua cristalina para luego volcarla y regar las otras áreas. Es el **conocimiento verdadero de sí**, tamizado por una comprensión libre de ocultamientos, minimizaciones o vergüenzas. Es el **buceo** en las profundidades del alma, allí donde se encuentra la verdadera plenitud.

Las personas que no le otorgan importancia a esta área se las suele Lamar personas **"Light"** o superficiales.

¿Cuál es el ideal en esta área?

Nos encanta tener ideales para saber qué rumbo y a qué meta apuntar, por eso planteamos algunos ideales de cada área para ser más específicos a la hora de apuntar nuestras naves.

Como **ideal** en esta área queremos plantearte la **"Santidad"**, como sinónimo de plenitud y alegría, y la **"Sabiduría"**, como sinónimo del conocimiento de sí y de las cosas.

Te darás cuenta que los ideales son bien altos. Luego veremos como alcanzarlos de manera sencilla.

La segunda área se llama **Afectividad y Vínculos**

En esta área evaluaremos y trabajaremos por un lado el nivel de las **emociones**, los sentimientos, las estabilidades o inestabilidades afectivas; y por el otro lado, los **vínculos** cotidianos de pareja, filiales, sociales, de amistades, laborales, la relación con la autoridad o con los subordinados.

¿Cuál es el ideal en esta área?

Como **ideal** de esta área planteamos la **"Paz y alegría Inalterable"** en lo afectivo; es decir, el ideal nos propone mantener la paz interior más allá que las circunstancias externas nos alienten hacia la ansiedad o hacia las preocupaciones cotidianas.

Aquí cobra importancia la **"Armonía"** en lo vincular, que significa la madurez en las relaciones cotidianas.

Luego explicaremos con mayor detalle de qué se tratan estos ideales.

¿Qué tal, cómo estás por estas regiones de tu interioridad?

La tercera área se llama **Economía y Trabajo**

Aquí evaluaremos cuestiones que tienen que ver con la **economía personal** como punto de partida, pero arribando a asuntos más sofisticados como inversiones de nivel profesional en activos o empresariales.

Y por otro lado analizaremos un camino que nos conduzca a alcanzar nuestra **vocación en el área laboral.**

¿Cuál es el ideal en esta área?

Como ideales planteamos la **"Libertad Financiera"** en el primer punto, es decir la capacidad de poder recibir ingresos que solventen todos nuestros gastos pero que dichos ingresos no provengan exclusivamente de nuestro salario.

Por lo tanto, podremos estar atravesando circunstancialmente alguna posibilidad de estar "sin trabajo" sabiendo que igualmente todos nuestros gastos estarán cubiertos.

En el segundo punto el ideal es **"unir el trabajo a la vocación o a la misión personal"**. En cuanto más libres seamos financieramente, mayores posibilidades tendremos de dedicarnos a lo que es nuestra vocación, aunque aquella dedicación no tenga ingresos mensurables.

¿Puedes captar la idea?.

Si no tuvieras la necesidad de trabajar para generar ingresos podrías dedicarte a aquello que más despierta tu pasión interior y que está relacionado con tu vocación. El ideal máximo sería entonces que puedas dedicarte full time a tu misión.

La cuarta área se llama **Vida saludable** y **Disfrute.**

Aquí trabajaremos todo lo referente al bienestar más allá de las limitaciones propias de enfermedades agudas o crónicas, o más allá de las limitaciones propias del ciclo vital de cada uno.

Por otro lado también abordaremos las cuestiones referentes al área del **ocio** y el **disfrute cotidiano**, o durante los momentos más específicos de tiempos libres o vacaciones.

¿Cuál es el ideal en esta área?

Los **ideales** de ambos puntos son la **"Calidad de Vida"** y la **"Alegría"**, como frutos de focalizar en estas dos caras del área.

Es decir que podamos elegir cual peso corporal mantener, qué tipo de alimentación brindarnos, o qué ejercicios realizar cada día, y adaptar todo ello a nuestro ciclo vital y a nuestra realidad cotidiana.

Que podamos también **programar momentos**, horas, días, semanas, o meses de **vacaciones**, y tiempos de **recreación**, sin que nuestras "obligaciones" cotidianas nos priven de la capacidad de decisión sobre ésta área.

Muchas personas son **esclavas** en esta área y no logran alcanzar la libertad de decidir, porque están dominadas por las pasiones desordenadas en cuestiones de trastornos de alimentación, sobrepeso, mal dormir, o simplemente porque no logran buscar alternativas claras sobre las vacaciones y tiempos de ocio, resignando por otros motivos (muchos de ellos entendibles) los tiempos de recreación.

Algunos toman decisiones como la siguiente:
"Este año no nos vamos de vacaciones porque pusimos el dinero para terminar de construir la casa o para pagar la hipoteca", sin sospechar que podría haber estrategias más claras y "sanas" que atiendan la posibilidad de vacacionar y también de invertir en el techo propio.

Capítulo 3

A volar más alto!!!!

Para poder salir adelante y crecer en cada área, habrá primero que cambiar totalmente de forma de pensar, de ver el mundo y la economía, de mirar las posibilidades que se presentan, de observar a las personas, a las amistades, a los modelos o mentores, de prestar atención a la forma de administrar el dinero.

Es imposible crecer financiera o vincularmente, hasta lograr la libertad absoluta, si se continúan manteniendo las creencias que sostenían en el pasado. Ese gran salto en el sistema de creencias es como una gran reja carcelaria que mantiene a muchas personas de un lado y algunos otros pocos se animan a intentar sobrepasar las rejas en búsqueda de la libertad.

Fíjate a tú alrededor:

¿Cuántas personas mantienen vínculos armónicos con quienes los rodean, o son modelo de paz inalterable del alma?

¿Cuántas personas crecen sin límites en el área espiritual o en el conocimiento de sí mismos?

¿Cuántas personas conoces que tienen una verdadera libertad financiera en la cual pueden dedicar la mayor parte de su tiempo a lo que sienten que es su principal llamado?

¿Cuántas personas tienen suficiente libertad como para elegir el trabajo que desean y las horas que desean dedicarse a tal labor?

¿Cuántas personas conoces que tienen tal libertad económica que pueden retirarse, si así lo desean, para servir a alguna causa noble durante algún período y luego regresar y seguir manteniendo el mismo ingreso económico durante ese lapso?

¿Cuántas personas conoces que tienen un estilo de vida saludable, y con total armonía entre el ejercicio, una dieta adecuada y el descanso oportuno?

¿Cuántas personas conoces a tu alrededor que se toman la cantidad de días que quieren de vacaciones?

Por mi lado te cuento que conozco muchas más personas que quisieran tener otro tipo de trabajo.

Personas que quisieran recibir mayores ingresos por sus tareas.

Personas que desearían dedicar más tiempo a sus familias.

Personas que quisieran desarrollar otros aspectos de sus vidas (como el arte o el deporte) pero que carecen del tiempo y dinero necesario para brindarse a ello.

Personas que quisieran poder lograr otro tipo de relaciones en su propia casa.

Personas que quisieran viajar y no tienen ni tiempo ni dinero.

Personas que quisieran tener más tiempo para buscar una mayor intimidad con Dios.

Junto con mi mujer, pertenecemos a una comunidad católica que se llama Comunidad de Convivencias con Dios, en la cual el apostolado consiste en organizar retiros de **seis días** seguidos.

Es decir que para poder hacer los retiros, o ayudar en el servicio de los mismos, se necesita disponer de seis días durante algún período del año. Imagínate que muchas personas no logran alcanzar la posibilidad de concurrir a los retiros porque no consiguen disponer de esos días.

Conozco a miles que quisieran tener el tiempo o el dinero para zambullirse en esa experiencia espiritual increíblemente hermosa, pero carecen del tiempo suficiente porque el trabajo no les permite tomarse esos seis días o carecen del dinero suficiente para pagar el mínimo que se requiere. En ambos casos, de cualquier manera, el *dios dinero* frecuentemente vence al **verdadero Dios**.

Numerosos son los que aun pudiendo conseguir algunos días al año se encuentran ante la **paradoja** de tener que elegir entre estar con la familia esos pocos días o hacer un retiro espiritual, sabiendo que ambas cosas son necesarias y es escaso el tiempo de vacaciones.

¿Has notado que "libertad" no es sólo desapego de las cuestiones materiales sino que la idea o concepto de "libertad" va más allá y que se emparenta con la posibilidad de elección que una persona tiene?.

¿Has notado que "libertad" no es sólo tener posibilidad de salir alguna vez de vacaciones sino que la idea de "libertad" va más allá y que se emparenta con la posibilidad de elección que una persona tiene respecto de sus tiempos libres y de la capacidad de preferencia cuando la economía personal se lo permite?.

¿Has notado que "libertad" no es sólo poder elegir a la persona con la cual deseas compartir tu vida sino que la idea de "libertad" va más allá y que se emparenta con la posibilidad de elegir también mejorar más y más esa relación vincular?.

¿Has notado que "libertad" no es sólo hacer lo que uno quiere, sino que la idea de "libertad" va más allá y que se emparenta con la posibilidad de **domar** los propios "quereres" cuando estos no nos llevan hacia donde queremos o nos llevan hacia posibles sufrimientos futuros?.

En *Teoterapia* te habíamos compartido una idea sobre libertad que hablaba de la posibilidad de elegir la actitud interior aun cuando no hubiera posibilidad de elegir una situación concreta mejor.

Un ejemplo muy claro era la situación descripta por el magnífico psiquiatra Víctor Frankl en el campo de concentración nazi. Él había notado que aun cuando no había posibilidades de elegir otro lugar, la libertad interior consistía, más no sea, en la posibilidad de actitud frente a lo que acontecía.

Pero hoy hay muchas personas que se van dirigiendo a un **campo de concentración laboral** sin darse cuenta, y que continúan en él sin notar que realmente tienen posibilidades de elegir otra situación.

Otras personas se dirigen hacia un **campo de concentración vincular** en donde no pueden elegir qué tipo de relación quieren porque están atrapadas o entrampadas en vínculos enfermos o están movidos por heridas o resentimientos que no les permiten ejercer una verdadera libertad.

Otras personas caminan hacia un **campo de concentración corporal** movidos por sus propias pasiones desordenadas que los sumergen en situaciones de excesos de todo tipo (adicciones, sobrepeso) sin darse cuenta que, en ésta área, podrían también buscar espacios de libertad para poder elegir una mejor calidad de vida.

Muchos hombres dirán:

¿Qué quieres que haga?, tengo una familia que mantener o cuentas que pagar.
No puedo renunciar o asumir el riesgo de cambiar de trabajo.
No puedo dedicarle más tiempo a mi familia porque tengo que trabajar.
No puedo dedicarle tiempo a mi comunidad porque necesito dedicar el tiempo a conseguir el dinero necesario para llegar a fin de mes.
No puedo bajar de peso porque no tengo la suficiente voluntad.
No puedo hacer un retiro porque el poco tiempo que me queda se lo tengo que dedicar a mis hijos que también me necesitan.
No puedo practicar un deporte porque carezco de tiempo libre o de dinero.

Muchas mujeres dirán:
No puedo estar con mis hijos porque estoy sola y necesito el ingreso.
Mi condición de mujer me limita para conseguir trabajos mejores remunerados.
No puedo cambiar la forma de relacionarme con quienes convivo porque "ellos" no quieren cambiar.
No puedo mejorar mi relación con mi esposo porque él está siempre ocupado.
No puedo estar mejor con mi pareja porque él es violento o siempre se queja por todo.
No puedo ingresar al mundo empresarial porque carezco de conocimientos.
No puedo formarme en una carrera profesional porque tengo que atender mi casa.
No puedo ir a un gimnasio porque no tengo tiempo o no tengo dinero.

Me gustaría estar más arreglada pero no encuentro la forma de alcanzar un ingreso que me permita pagar alguna otra cosa que no sea lo estrictamente necesario para sobrevivir.

No puedo...

No puedo...

No puedo...

Tú puedes llenar fácilmente esos puntos suspensivos.

Lo cierto es que la libertad espiritual, vincular, económica o corporal están más emparentadas de lo que se supone.

Pero antes de continuar, déjame definirte qué entendemos por libertad.

Para nosotros **"libertad espiritual o íntima"** significa poseer la posibilidad de elegir cuánto tiempo quiero dedicarle al vínculo con Dios y cuanto tiempo quiero dedicarle a las cosas que considero importantes en mi vida. Es saber trabajar mi interior de manera de buscar siempre lo **más pleno** y **rico** para mi vida.

En contraste, **"esclavitud espiritual o íntima"** significa estar apegado a creencias que no me permiten levantar vuelo sino que me estrellan en una mediocridad cotidiana que no elegí. Es no tener tiempo suficiente para lo que es más importante para mi vida porque tengo que dedicar tiempo a lo **urgente**.

Para nosotros, **"libertad afectiva o vincular"** significa poseer la posibilidad de elegir cómo reaccionar en la vida ante las diferentes circunstancias y cuánto tiempo quisiera dedicarle a los vínculos que considero importantes para mi vida.

Es también tener la posibilidad de mejorar constantemente la calidad de los relaciones con las personas que me encuentro a diario, y la calidad de los afectos que experimento cotidianamente.

En contraste, **"esclavitud afectiva o vincular"** significa: estar apegado a sentimientos que no me permiten vivir sanamente sino que me tiran hacia experiencias de miedo, ansiedad, ira o resentimientos. Es también estar entrampado en relaciones contagiosamente enfermas (¡que hacen enfermar al más sano!) de las cuales uno no se puede escapar.

Para nosotros **"libertad económica y laboral"** significa poseer la posibilidad de elegir cuánto tiempo dedicarle a las cosas que considero importantes en mi vida sin tener que estar pensando en cómo hacer "magia" para alcanzar los ingresos necesarios. Es también dedicar el tiempo que considero oportuno para la misión que tengo en la vida.

En contraste, **"esclavitud económica y laboral"** significa: estar apegado a trabajos que uno no eligió, no tener tiempo suficiente para dedicarse a la familia, amigos, viajes, vacaciones, deportes, arte, estudios; no poder acceder a necesidades propias del ciclo vital o del nivel social en el cual cada uno se encuentra; padecer algo que últimamente se llama "Síndrome de Burnout", es decir stress laboral por presiones del trabajo, del jefe, de la empresa.

Para nosotros **"libertad de disfrute o de vida saludable"** significa poseer la posibilidad de elegir cuanto tiempo dedicarle a las vacaciones, al ocio, al deporte, al ejercicio, a la alegría que surge de compartir con otros momentos "disfrutables", a la dieta saludable: es decir, a la calidad de vida.

En contraste, **"esclavitud en el disfrute y en la vida saludable"** significa estar apegado a un estilo de vida que no elegí y que no disfruto. Un estilo de vida en el cual no encuentro la alegría que merece mi interior. Un estilo de vida en el cual me voy **muriendo** día a día.

Ahora seguramente te habrás dado cuenta a qué nos referimos con Inés cuando hablamos de *"libertad"*.

Por ello, para **volar bien alto,** y alcanzar la ¡estratosfera!, deberás ajustarte el cinturón de seguridad con fuerzas y entusiasmo y prepararte para despegar…

Capítulo 4

Etapas de crecimiento

Veamos que todo proceso de crecimiento puede ser explicado en **etapas**. Para mí es una muy buena forma de explicarlo para luego poder ubicarme en alguna de ellas y así saber cómo continuar.

El crecimiento hacia la libertad espiritual, afectiva, económica, en el disfrute, tiene etapas que podrían describirse fácilmente, y desde allí aprender a diferenciarlas.

En nuestro libro anterior describíamos a las etapas como si fueran los grados escolares de manera de poder identificar en cuál grado nos encontrábamos y así buscar la forma de intentar continuar creciendo hacia el siguiente grado. Si alguien no intentara identificar en qué lugar se encuentra podría suceder lo siguiente:

Ingresar en un grado **superior** a sus **capacidades** y "**quemarse**" en el proceso, agotándose o estresándose porque sus facultades, incluido su psiquismo, no estaban preparados para ese grado.

Ingresar en un grado **inferior**, y entonces sucederá que la persona se **aburrirá**. Esas estrategias ya las había realizado o aprendido con anterioridad, y tal situación podría llevarlo al aburrimiento, a la **rutina**, al desgano, o a la desesperanza ante la idea de no aprender nada nuevo que le deje notar con esperanza que su futuro puede cambiar.

Por eso, querido camarada de sendero, quisiera **entusiasmarte** en el proceso de **investigar** en tu propia historia, y en tu momento actual, en dónde te encuentras, para así luego juntos, buscar una estrategia que te ayude a dar pasos para ir creciendo hacia la siguiente etapa, y desde allí hasta la estratósfera. Porque en el crecimiento en cualquiera de las áreas ¡¡¡no hay límites!!!

Las tres etapas hacia la libertad...

Para comprenderlo con mayor sencillez, comenzaremos describiendo, a simples rasgos, el proceso de crecimiento hacia la libertad en **tres grandes períodos** o etapas.

Al primer período lo llamamos **"sacar agua del pozo"**.

Este período se caracteriza porque necesitamos hacer un **gran esfuerzo** para lograr conseguir cualquier meta.

Es decir que para sacar agua hay que hacer mucho esfuerzo día a día.

Y si no hacemos el esfuerzo un día, entonces se nos termina el agua.

Tal vez sea que necesitamos alguna mejora en el ámbito espiritual, afectivo, económico, o en la vida saludable, y con mucho, pero mucho esfuerzo conseguimos alguna oportunidad.

En esta etapa necesitamos **instalar nuevos hábitos** que antes no teníamos. Instalar nuevos hábitos espirituales, vinculares, comunicacionales, económicos, corporales ¡¡¡es una tarea de titanes!!!

Por ejemplo necesitaremos instalar hábitos de oración o de reflexión.

Nuevos hábitos afectivos, o de la manera de expresar nuestro amor y cariño.

Nuevas formas de comunicación con nosotros mismos o con los demás.

Nuevos hábitos económicos o del manejo administrativo de los bienes que poseemos.

Hábitos también de cuidados de nuestro querido cuerpo, con dietas saludables o con ejercicios adaptados a nuestra edad o situación.

Fíjate que es común en esta etapa que se nos ocurra hacer mayores esfuerzos si queremos mejorar en alguna área.

¿Ejemplos de mayores esfuerzos para mejorar?

Buscar más minutos de oración y concentrarse en el ejercicio de virtudes espirituales.

Tratar de contener a fuerza de pulmón la paz cuando nos encontramos con alguien que nos altera.

Trabajar más horas, o mejorar la formación en un oficio o profesional, para lograr algún título o especialidad que les garantice un mejor ingreso.

Hacer una dieta rigurosa para bajar los cuatrocientos kilos de más que llevamos puestos.

Imagínate esta etapa dentro del ámbito laboral de alguien que recién comienza.

Es una etapa marcada generalmente por la búsqueda de oportunidades, generalmente de forma extenuante y bajo los riesgos de una competencia en la cual otra persona, posiblemente mejor formada, o con mayores capacidades, se nos adelante.

Con Inés, cuando nos dimos cuenta de lo mal que estábamos en materia económica y comenzamos a transitar esta etapa, solíamos decir que sacábamos agua del aljibe pero no con balde sino con una **cucharita** agarrada del mango con una soga, por lo cual ¡¡¡el agua se nos escurría antes de alcanzar el tope!!!

El siguiente pasaje del Evangelio de San Juan nos coloca en la circunstancia de aquél que una y otra vez tiene que repetir conductas para tener pocos o resultados demasiado trabajosos. También notaremos en este pasaje el cansancio que produce la etapa.

Del Evangelio de San Juan, 4: 4-15

Jesús tenía que pasar por Samaría.
Llega, pues, a una ciudad de Samaría llamada Sicar, próxima a la heredad que dio Jacob a José, su hijo, donde estaba la fuente de Jacob.
Jesús, fatigado del camino, se sentó sin más junto a la fuente; era como la hora sexta.
Llega una mujer de Samaría a sacar agua, y Jesús le dice: Dame de beber...
Le dice la mujer samaritana: ¿Cómo tú, siendo judío, me pides de beber a mí?
Respondió Jesús y dijo: ¡Si conocieras el don de Dios y quién es el que te dice: Dame de beber, tú le pedirías a Él, y Él te daría a ti agua viva!

Ella le dijo: Señor, no tienes con qué sacar el agua y el pozo es hondo; ¿de dónde, pues, te viene esa agua viva? ¿Acaso eres tú más grande que nuestro padre Jacob, que nos dio este pozo, y de él bebió él mismo, sus hijos y sus rebaños?

Respondió Jesús y le dijo: Quien bebe de esta agua volverá a tener sed; pero el que beba del agua que yo le daré no tendrá jamás sed; que el agua que yo le dé se hará en él una fuente que salte hasta la vida eterna.

Le dijo la mujer: Señor, dame de esa agua para que no sienta más sed ni tenga que venir aquí a sacarla.

El sueño de cualquiera es **no tener que repetir** tremendos esfuerzos, una y otra vez, para alcanzar mínimos resultados.

La mujer, en este pasaje bíblico, sabe que ella tendrá que volver una y otra vez al pozo.

Jesús le responde en forma espiritual sabiendo que hay gente que en esta área de lo espiritual se quedan sacando agua del pozo toda la vida y no pasan a la segunda etapa.

Él quiere guiarla hacia etapas en donde el **agua fluye sin esfuerzos**, pero son pocos los que se animan a seguirlo...

Al segundo período lo denominamos: **"acequia"**.

En este período el foco estará más en **abandonarse**.

¿Pero qué será esto de abandonarse?

Sin resistirse habrá que crecer en **docilidad** (la palabra docilidad viene de la palabra docencia: dejarse enseñar o dejarse conducir), hacia el lugar a donde los **referentes** de cada área nos invitan a ir.

En esta etapa las oportunidades llegan a uno, tal vez en cuentagotas, pero el mayor esfuerzo estará en **discernir apropiadamente** en qué cosas **involucrarse** y qué otras serán sólo una pérdida de tiempo.

Por ejemplo una mayor experiencia en alguna área, una especialización, son factores que favorecen que las oportunidades se presenten sin tantas dificultades ni búsquedas agotadoras.

Pero igualmente esta etapa trata sobre construir una canaleta por la que fluya el agua.

Esa construcción requiere de un conocimiento especializado de aquellos que ya han atravesado la etapa y nos pueden aconsejar sobre lo que funciona y lo que es una pérdida de tiempo.

La mayoría de la personas abandonan el camino antes de llegar a la etapa de las Canaletas.

Y esto sucede por varias razones.

1) En principio algunos no llegan hasta aquí porque nunca han aprendido a perseverar en algo, y por ello, al ser inestables, dejan y abandonan antes de llegar a esta etapa.
2) Otros no llegan hasta aquí porque no pueden notar que se puede seguir creciendo. Piensan buenamente que han llegado al máximo de sus posibilidades y no saben que pueden seguir dando pasos.
3) Otros no llegan hasta aquí porque creen que querer crecer más podría ser algo apropiado de un corazón malamente ambicioso, y dicen: "hay que conformarse con lo que uno es o con lo que uno tiene".

Por eso es una etapa en la que pocos se atreven a navegar mar adentro.

Pero para aquellos colonos que buscan nuevas aventuras y tierras, y se atreven a surcar los océanos, más allá de las temibles tempestades, se llega a la tercera etapa.

Al tercer período lo nombraremos como: **"lluvia e irradiación"**.

Es un período de **verdadera fecundidad** en cada área. Es un proceso de **irradiación** de aquello que se alcanzó.

Por ello ésta no es una etapa de buscar o esperar una oportunidad laboral o económica, espiritual o vincular, sino que el individuo se transforma en generador de **oportunidades para otros**.

Aquel que llega a esta etapa, se sale del lugar de **demanda** de oportunidades para instalarse en un nuevo rol de **autor** de posibilidades para otros.

Habrás notado que la descripción es muy simple y muy general. Luego te vamos a contar con mayores detalles cada etapa.

Lo cierto es que **algunas personas nunca llegan a la segunda etapa** y sus vidas es un continuo esfuerzo por conseguir alguna oportunidad vincular, laboral, afectiva, económica, familiar, corporal, espiritual.

Y esos esfuerzos, si no alcanzan resultados rápidamente, se pueden llegar a transformar en **ideas mágicas.**

Veamos juntos algunas ideas mágicas:

Intentar alcanzar la libertad económica a través de los juegos de azar o el delito.

Ejemplo: jugar compulsivamente a la quiniela, o intentar conseguir ganancias con corrupción, o ¡casándose con alguien económicamente acomodado!

O tal vez intentando buscar tener un vínculo con la persona que amamos pero presionando.

Ejemplo: colocándole una pistola en la sien al ser querido para que diga que sí cuando vea a alguien delante de él vestido de negro y con un cuellito blanco.

O tal vez buscando un aumento salarial basado en presiones de protestas violentas o corruptas.

O intentando alcanzar el tan preciado peso corporal a través de conductas bulímicas (vomitar después de comer) o anoréxicas (no comer nada).

O intentando ir al brujo de turno para que con unos pases mágicos logre que la persona que queremos esté con nosotros, aunque esa persona no nos ame.

O pedimos a Dios que nos lluevan fortunas desde el cielo, pero por supuesto sin saber nada de cómo administrarlas.

O anhelamos recuperar la salud, para seguramente después volver a perderla rápidamente ya que no hay ningún hábito saludable creado.

¿Conoces alguien que haya intentado estas últimas estrategias?. Seguramente que si. ¿Tal vez tú mismo en algún momento de desesperación? Todos nosotros hemos caído en alguna de estas ideas mágicas o similares.

Lamentablemente esas **aparentes soluciones** pueden transformarse rápidamente en **mayores esclavitudes**.

¿Para qué intentar esas estrategias si hay formas hermosas, fáciles y honestas que te pueden ayudar a alcanzar tus anhelos?.

Hoy quiero acompañarte a descubrir dónde te encuentras y así luego alentarte a dar un nuevo paso en tu vida que te posicione como protagonista de tu destino.
Por ello, veamos juntos si te ubicas en alguna de las etapas siguientes para que veas qué estrategia implementar acorde al lugar en donde te encuentres.

Si bien pedagógicamente, para facilitar la comprensión, las etapas siguientes están nítidamente divididas, lo cierto es que en la vida real no es tan así.
De hecho, es probable que notes que atraviesas por una etapa con características de una u otra de las que describiremos a continuación.

Pero la idea es intentar identificar aquella etapa que describa con mayor precisión tu momento actual.
Quiero también aclararte la idea de que una "etapa" es una época de la vida y **no** una circunstancia particular.

Es decir que al intentar identificar una etapa, busca primero las características que más se asemejan a los **últimos meses** de tu vida.

Podría suceder que notes experiencias aisladas de las diferentes etapas. Pero aquello no significa que estés en todas al mismo tiempo.

Te recomiendo **leerlas todas** y luego **volver** a la etapa que más te haya resonado como propia.

Una vez que la identifiques, entonces será el momento de buscar la forma de pasar a la siguiente.

Haciendo así alcanzarás la preciada libertad en cada área de tu vida que te permita vivir de acuerdo con tus potencialidades y con tus mayores sueños.

Notaste que primero te conté que había tres grandes etapas en la vida.

Ahora ahondaremos en la primera de ellas para darte las estrategias más modernas y de **última generación** que te ayuden a continuar creciendo.

Capítulo 5

Sacar agua del pozo…

No queremos marearte con los nombres de las cuatro sub-etapas.
Por eso no es tan importante el nombre sino que lo más importante es intentar meterte en cada una de ellas para identificarte y lograr seguir creciendo.

Estas etapas están nombradas según el grado de crecimiento.
Así también lo hicimos en Teoterapia pero focalizando en el área espiritual. Esta forma de demarcación sirve para detallar aún más los momentos en los cuales posiblemente te encuentres.

¡¡¡Esperamos que los ejemplos te sirvan para sentirte identificado con alguno de ellos!!!

Primera Etapa: Vocal, o de Aprendizaje inicial.

¿Te acuerdas que anteriormente te había hablado de volar alto, y de alejarte de la mediocridad cotidiana?.
Te voy a contar lo que me pasó una tarde para que puedas darte cuenta de cómo es esta etapa.

Y subía y bajaba…

Había sobre la mesa alguna de las medialunas recién horneadas de una panadería muy conocida cercana.
Allí en medio de la tarde, las nubes del sector Oeste asomaban amenazantes con su vanidad frecuente.

Los pies apenas rozaban las aguas tranquilas pero frías de un océano que dejaba ver su inmensidad.

Frío, calor, aromas, gustos, tacto, y sonidos cálidos. Todo manifestando al mismo tiempo un atisbo de la Gloria de la creación.

Me acordé en aquel momento de una poesía de San Juan de la Cruz que decía lo siguiente:

"...no quieras enviarme
de hoy ya más mensajero;
que no saben decirme lo que quiero..."

"...Descubre tu presencia
y máteme tu vista y hermosura:
mira que la dolencia
de amor no bien se cura
sino con la presencia y la figura..."

El poeta hacía referencia a través de su pluma a la necesidad del alma de encontrarse cara a cara con el Creador sin tener que mediar con las criaturas.

A punto mi alma de encontrarse como Moisés, cara a cara con el Amado de mi alma, me retiró del éxtasis el celular que llamaba con un timbre por demás inoportuno.

Según podía observar el número que reflejaba el display del teléfono celular era desconocido. Al atender pude escuchar una voz de mujer, chillona y automática, que intentando ser amable, de manera un tanto sobreactuada, me recordaba que la cuota número 36° del crédito persona,l que el Banco me había concedido, había vencido y que no se registraba hasta el presente ningún pago.

Sólo me llevaron esos pocos segundos de conversación para recordar y experimentar otra de las poesías de San Juan de la Cruz:

"...Cuanto más alto llegaba
de este lance tan subido,

tanto más bajo y rendido
y abatido me hallaba;
dije: ¡No habrá quien alcance!
y abatíme tanto, tanto…"

La poesía finaliza con versos más esperanzadores que tal vez más adelante te cuente. Pero por ahora mi alma experimentaba sólo hasta allí.

Ya habíamos notado con Inés que las cuentas familiares no cerraban. Y habíamos comenzado a buscar nuevos horizontes en la materia.

Pero habían pasado algunos meses y esa llamada me mostró que todo el esfuerzo para generar mayores ingresos o mantener un vida más austera en relación a los gastos todavía no daban los resultados que buscábamos.

La experiencia que te compartí nos sirve para ilustrar el comienzo.
Aquí hemos estado todos nosotros de alguna u otra manera.

La sociedad quiere y pretende que entres de lleno en esta etapa y muchas veces **presiona a los jóvenes** para que hagan con sus vidas lo mismo que posiblemente no haya funcionado para sus adultos.

Saca agua del pozo como papá…

Muchos de nuestros mayores se pasan la vida entera sacando agua del pozo y quieren que sus hijos hagan lo mismo. La ceguera es tal, que algunos creen que vivir en ese esfuerzo continuo es virtuoso y crecer hacia otra etapa de menor esfuerzo pareciera ¡¡¡una herejía!!!

"¡¡¡Hazte de abajo como yo!!!" se escucha en múltiples consejos de alguno más acomodado.

Tal vez la creencia del esfuerzo como virtuoso se mezcla con la frustración y produce un híbrido que desencadena el consejo.

No estamos en contra del esfuerzo. ¡¡¡Estamos totalmente en contra del esfuerzo **sin sentido y sin objetivos**!!!

Si vas a sacar agua del pozo, hazlo, pero para crecer en tu vocación y en tu misión.

Muchos sacan agua del pozo en cuestiones que luego los esclavizan más y más.

A modo de ejemplo imagínate esta etapa en el ámbito laboral.

Igualmente puedes, si quieres, transportar el ejemplo a cualquiera de las otras tres áreas.

Se realiza un gran esfuerzo en la búsqueda laboral o en la formación que permita conseguir alguna oportunidad.

Etapa de búsqueda en los diarios: *"se necesitan 100 vendedores, hombres o mujeres, de entre 18 y 35 años, buena presencia, con posibilidades de crecimiento, para empresa pujante en ventas…"*.

Muchos de esos avisos terminan con el tan temible "…con **experiencia previa**…".

Tales avisos comienzan a desgastar la frágil **autoestima**.

¿Cómo consigo un trabajo si nunca antes había tenido experiencia laboral?

No encajo en la edad.

Si consigo el puesto por intermedio de algún familiar o amigo, luego me asalta la duda de si realmente tengo capacidades o la oportunidad se me dio por acomodo o por lástima.

La empresa de papá…

Sebastián trabajaba en una pequeña empresa familiar. Su lugar allí era indiscutible porque era el hijo del dueño. Pero el joven padecía de grandes dudas sobre sus capacidades reales para ejercer su rol dentro de la empresa de manera eficiente.

De hecho dudada muchísimo sobre sus facultades, y la tortura mental se agudizaba cuando imaginaba que no era merecedor del puesto dado que no lo había ganado por sus actitudes sino por el vínculo filial con el dueño.

La cosa se agravó cuando un empleado, subordinado suyo, lo trató en medio de una fuerte discusión, de inútil. El empleado agregó, como tiro de gracia, que era un incapaz y que estaba en ese puesto sólo porque era el hijo del dueño.

Te podrás imaginar cómo se sentía el pobre tipo. Sus miedos y dudas se habían verbalizado a través de las imputaciones del empleado, y ahora parecían más reales que nunca.

Para colmo de males, cuando alguien está en ese estado en donde los miedos y dudas se apoderan de uno, tiende a opacarse la capacidad de discernimiento.

El joven no podía siquiera comenzar a pensar si el empleado estaba resentido con él porque no podía ascender laboralmente, o si tal empleado tenía un mal día, o si estaba enfermo de envidia o bronca.

Pero sigamos describiendo la etapa con otros ejemplos de ésta área.

En esta etapa se intenta reproducir lo que nos enseñan. Por ejemplo uno ingresa a un empleo e intenta llegar a realizar la tarea tal cual nos la enseñan. Reproducimos el sistema laboral tal como lo aprendimos, pero sin saber del todo si es nuestra vocación.

Las 100 cuadras porteñas...

Me acuerdo cuando ingresé a los 17 o 18 años en una empresa agroexportadora como cadete.

Caminaba alrededor de 100 cuadras por día llevando sobres de un lado a otro por el microcentro porteño en la ciudad de Buenos Aires.

Llegaba a mi hogar extenuado de tanto esfuerzo.

El dinero que ganaba por el salario alcanzaba para solventarme el colectivo que me transportaba desde mi domicilio particular hasta el trabajo, y sobraba algo para que lo "**derrochara**" en el pequeño sándwich que consumía durante la corta media hora que disponía para el almuerzo.

Si, leíste bien. ¡El salario sólo alcanzaba para poder seguir trabajando!.

No me sobraba ni un centavo para llevarme a mi casa.

Gracias a Dios contaba con el apoyo de mi madre, quien ¡con **tres trabajos** de docente se hacía cargo del resto de mis gastos!

¿Captaste la experiencia? Tal costumbre es habitual en muchos trabajadores. He conocido muchas personas que trabajan por el **almuerzo**.

Esa experiencia es gráficamente la descripción de esta etapa.

Mucho esfuerzo para intentar conseguir un mínimo de resultados.

Poca experiencia laboral, por lo cual se dificultan aún más las cosas.

Las 100 cuadras por día también hablan por sí solas.

En este período es común también agregarle mucho esfuerzo físico.

Indudablemente en este mundo paradojal los que hacen mayores esfuerzos físicos parecieran ser los que menos remuneración económica reciben.

Algunos deciden agregar más horas de trabajo dado que con la pequeña remuneración que se reciben no alcanza para mucho más que para el almuerzo.

toioines2@yahoo.com.ar

Es allí donde algunos se entrampan trabajando los **siete días a la semana**, dejando también de lado otras actividades importantes.

Valores como: familia, amistades, deportes, arte, quedan en un segundo plano.

Algunos jóvenes más acomodados tal vez no necesiten trabajar porque tienen una familia que los puede ayudar a solventar los gastos de estudio.

Pero igualmente, si se encuentran en esta etapa se les nota por la esclavitud al ámbito familiar, que crea una gran dependencia económica.

Realizan un gran esfuerzo para aprobar materias de manera que amerite tanto "esfuerzo" familiar (léase: esfuerzo económico de los padres). Porque suponen que se necesitará **aprobar materias** para no quedar fuera del sistema de soportes familiares.

Si trasladamos estos esfuerzos al área vincular notamos como alguien que está en esta etapa suele tratar de mantener amistades o relaciones amorosas en base a un gran esfuerzo de su parte. Es decir que los vínculos parecieran que no se dan fácilmente sino que necesitan de mucha energía de nuestro lado para que se produzcan o se mantengan.

Si pensamos en el área espiritual o de intimidad, también allí se notan los grandes esfuerzos por intentar mantener una virtud, o para buscar un espacio de oración, o para concentrase en algún ejercicio de autoconocimiento.

Ni hablar del área de la vida saludable. Pareciera que todo lo bueno es difícil de sostener o alcanzar. El ejercicio cotidiano nos cuesta. También se necesita de un gran esfuerzo para mantener una dieta.
El "disfrute" tampoco se disfruta si no es posterior a un gran esfuerzo que nos haga "merecedores" de ese disfrute.

Me acuerdo de un primo que era muy estudioso, y siempre durante las vacaciones de verano llegaba primero a la Ciudad de Miramar en donde vacacionábamos como familia. Yo generalmente llegaba más tarde porque tenía que preparar alguna materia pendiente que me había quedado del colegio.

Cuando me encontraba con mi primo, una vez que llegaba a Miramar, en vez de mostrarme alegría por haber podido estar desde varios días antes de vacaciones y así disfrutar, él solía decir: "si estoy acá desde hace varios días pero tuve que estudiar muchísimo y además...", y me daba un discurso sobre todos los esfuerzos que había hecho para llegar antes.

A las personas les cuesta disfrutar si no sienten que merecen ese disfrute. Algunos nunca pueden disfrutar algo en la vida porque no se sienten merecedores de ese momento o de esa circunstancia.

Es que en esta etapa seguramente reproduciremos los sistemas de creencias familiares, con sus grandes **virtudes** y sus grandes **defectos**.

Si los padres se encuentran en esta etapa, entonces enseñarán a sus hijos que la estrategia para crecer en la vida es seguir el mismo patrón de comportamiento que ellos han encarado. Es decir que se necesita mucho esfuerzo físico o mental para conquistar pequeños resultados.

La persona que vive en esta etapa generalmente no se cuestiona sobre los patrones de creencias familiares o laborales aprendidos. Simplemente intenta repetirlos al pie de la letra.

Los cuestionamientos tal vez se traducen en los siguientes interrogantes: "¿Por qué no puedo ser tan voluntarioso como mi padre, mi madre, o mi hermana/o mayor?". "Nunca llegaré a ser tan perseverante como ellos"

Conozco a un joven que dentro de su grupo familiar siempre era comparado con su hermano mayor que era más "trabajador". Tal competencia hacía que él intentara una y otra vez llegar a ser como su hermano, pero por más que lo intentara no podía lograrlo. El esfuerzo pronto se transformó en frustración, y la frustración viró en baja autoestima.

De más está decir que la **baja autoestima** es un gran obstáculo a la hora de buscar nuevas oportunidades en la vida. Es como una enfermedad endémica que impide conseguir lo que uno anhela, y tal obstáculo alimenta de por sí el circulo vicioso de la baja autoestima hasta transformarla en depresión.

Otros logran alcanzar un ritmo de trabajo que les queda cómodo y, sin otras aspiraciones, reiteran durante treinta o cuarenta años el mismo patrón de conducta aprendido hasta el momento. Estos últimos tal vez sean los más felices dentro de esta etapa porque "se conforman" con los logros alcanzados.

El problema tal vez se les presente muchos años después cuando no sea posible mantener el esfuerzo físico o intelectual por cuestiones de edad o de salud física, tal vez por limitaciones propias de la edad.

¿Has conocido individuos que no pueden jubilarse y que necesitan continuar trabajando forzosamente más allá de los 65 años? Tal vez hayas conocido personas que no pueden jubilarse porque no hicieron los aportes correspondientes o porque la jubilación no les alcanzaría para mantener el estándar de vida que corresponde a su ciclo vital. Muchos de ellos lamentablemente observan como la cuenta en gastos médicos se incrementa y el ingreso salarial no alcanza para solventarla.

Tal vez llegan a notar la incongruencia y la injusticia que había en la estrategia implementada cuarenta años atrás, pero **horrorosamente** ahora ya no hay tiempo para modificarla. Posiblemente, necesiten luego pasar a depender económicamente de hijos o parientes.

Algunos al llegar a edades bien maduras siguen demandando y esforzándose por mantener los vínculos con los que quieren. Por ejemplo una madre o un padre que intenta a toda costa que los visiten sus hijos o nietos.

Para algunos no es tan trágico este final porque gracias a un fuerte trabajo interior, o por aferrarse a una sana espiritualidad, logran sortear los escollos depresivos y leer la situación con otros parámetros que les regala la libertad espiritual. Pero estos son los menos, y hablamos de ellos en el libro anterior en dónde hacíamos hincapié en el crecimiento espiritual que ayude a atravesar circunstancias como las descriptas.

Pero para la mayoría de nosotros tal circunstancia es probablemente evitable, y es bueno que intentemos, dentro de nuestras posibilidades, seguir dando pasos para crecer en libertad espiritual, vincular, económica o en el dsifrute.

La vida se encargara de hacernos atravesar por circunstancias inevitables que sólo podrán ser sorteadas con paz si son acompañadas por una espiritualidad madura y por una psicología sana.

Pero déjame ahora describirte esta etapa particularmente desde el ángulo afectivo vincular.

El bollo de Josefina…

Josefina, tenía 24 años. Dada la cultura de la sociedad Argentina, a su edad comenzaba a percibir, tal vez con cierta deformación perceptiva causada por la impaciencia, que ya era grande, que necesitaba "conseguir" un novio.

Sí, ¡¡¡leíste bien!!!... ¡¡¡tenía 24 años y ya estaba apurada!!!

Hay muchas jóvenes en Argentina de esa edad que se sienten que pierden el tren si no se apuran a conseguir una pareja.
Pero los apuros y los vínculos son siempre mala yunta.
Y tal apuro causó que **eligiera mal** al candidato.

Pocos meses después notaba que la pareja que había elegido sin mucho discernimiento era violento, celoso, y le impedía estar con sus amigas, realizar deportes, o estar más tiempo con su familia.

El **miedo** a volver a estar "**sola**" produjo que mantuviera esta relación dañina.

Pero la **sociedad** con alguno de sus valores retorcidos produjo el resto, junto a una espiritualidad mal digerida.
La sociedad (léase familia, conocidos, amistades) presionaba con sus ideales de terminar el colegio, estudiar alguna carrera terciaria o universitaria, y luego "casarse y tener hijos".

La **espiritualidad mal discernida** le proponía que tenía que aceptar al otro tal como era, porque ese era un mensaje "cristiano". Algo medio parecido propone una espiritualidad sana, es decir, que aceptes al otro como es y lo ames, ¡¡¡pero no te propone que te cases con ese "otro"!!!!.

Antes del primer hijo ya había venido el primer **bollo** (golpe violento). Luego el segundo, y el tercero…, bueno, tú conoces cómo sigue la historia.
De más está contarte que es mucho más difícil discernir sanamente después de varios años de casado que antes del casamiento.

toioines2@yahoo.com.ar

El que está en esta etapa siente que tiene que hacer un gran esfuerzo para conquistar a alguien, para mantener una relación estable o para vivir un vínculo agradable.

Mucho, pero mucho esfuerzo para sólo conseguir a cuentagotas un poquito de la alegría que brota cuando uno tiene vínculos armoniosos.

El horno de Rodolfo...

Rodolfo se había mudado de ciudad dado que en su pueblo de origen, ubicado en el centro de la Provincia de Buenos Aires, no le ofrecían buenas oportunidades de estudio.

Aterrizó como tantos otros miles de jóvenes en la Ciudad de La Plata para estudiar medicina.

Sus padres panaderos, con un negocio bien armado pero siempre limitado por la falta de crecimiento del mismo pueblo, habían mantenido el ideal de algún día poder "mandar" a un hijo a estudiar a una ciudad importante.

El mayor de ellos, Rodolfo, ¡¡¡ya estaba a punto para salir del horno!!!

Con gran sacrificio juntaron los dineros necesarios y lo acompañaron a la gran ciudad a buscar un departamento para alquilar, hacer los trámites de inscripción en la universidad, comprar los libros y materiales necesarios para el inicio, etc.

Si bien algunas de las inmobiliarias les pedían requisitos sorprendentemente ridículos para la garantía del alquiler, finalmente consiguieron rentar el departamento que había sido dejado por otro amigo familiar que había regresado al pueblo luego de "probar suerte" en la universidad, pero sin éxito.

Tal historia de fracaso no había amedrentado a Rodolfo que miraba su nueva realidad con perpleja admiración.

Pronto los padres se volvieron a su pueblo y Rodolfo sintió por primera vez aquella sensación que tan, pero tan bien describió Bonavena (famoso boxeador argentino): "Todos son muy amigos pero cuando te subís al ring te quedas tan **solo** que hasta el banquito te sacan..."

Comenzaba su cursada y allí experimentó su falta de habilidades sociales para entablar nuevas amistades. Notaba que sus compañeros de curso ya se conocían entre ellos y que se juntaban desde el primer día a preparar las materias en la casa de alguno de ellos, entre mates y mates (bebida típica argentina).

Rodolfo comenzaba a sentir la tan temida **soledad**, y extrañaba a su grupo de amigos que lo habían acompañado ya desde salita de tres años a lo largo de toda la etapa escolar.

Por primera vez observó un pensamiento que atravesó su raciocinio causando más daño que la velocidad del mismo podía prever. "¿Si me vuelvo a mi pueblo?".

La pregunta ya comenzaba a gestar parte de la conducta, más no sea, inconsciente de los siguientes meses.

Las respuestas que iba acuñando en su interior tenían que ver con la posibilidad de estar nuevamente con sus amigos del colegio, con sus familiares y seres queridos, con alguna chica que había dejado en su pueblo natal.

De cualquier manera la respuesta estaba sostenida sobre creencias algo fantaseadas porque sus amigos estaban todos en otras ciudades o en otros países, y el que se había quedado estaba un poco comprometido por el consumo de drogas.

A su vez la chica con quien fantaseaba nunca siquiera le había dado pié como para salir.

Pero nuestra mente es así, fantasea y fantasea siempre para el lado de aquello que **amamos** o que **tememos**.

Nuestra realidad de apoco va también siguiendo esa imaginación y haciendo real aquellos pensamientos.

¿Te imaginas como termina la historia?

Rodolfo volvió al **horno** familiar más rápido que lo que tardaron las esperanzas familiares en declinar, dejando allí algunas frustraciones que pocos se atrevieron siquiera a expresar en el transcurso de los días siguientes.

58

Uno puede hacer varias lecturas de la situación, pero una que es interesante es que a Rodolfo le faltaron habilidades sociales para insertarse en nuevos grupos sociales que lo ayudaran y lo acompañaran en su itinerario.

En esta etapa es común notar estas limitaciones que en vez de trabajarlas para superarlas se hacen identidad con la persona y terminan siendo parte de su "ser" por la ignorancia de cómo cambiarlas.

¡¡¡Las habilidades sociales se aprenden!!! Pero hay personas que creen que son simplemente dones individuales.

Por supuesto que hay personas que nacieron con el don de gentes, pero otros muchos necesitamos aprender a comunicarnos, generar amistades, vínculos de pareja armoniosos, vínculos laborales ricos.

Permíteme preguntarte algo:

¿Te sientes identificado con las circunstancias descriptas en esta etapa? ¿Estarás yendo en esa dirección?

Algunos no entran en esta etapa porque ni saben que se puede mejorar en cada aspecto de nuestra vida.

A ejemplo de Rodolfo, muchos creen que las habilidades sociales, la libertad financiera, la vida saludable, o el crecimiento espiritual, son dones y no un camino a aprender.

En la arena silenciosa...

Habíamos caminado varios cientos de metros por la arena caliente de Pinamar, ciudad preciosa de la costa atlántica de Argentina.

Por alguna razón no habíamos podido ni siquiera expresar alguna palabra, mientras atravesábamos las temperaturas abrasadoras que habían causado aparentemente alguna quemadura en la piel que un dermatólogo habría diagnosticado de algún grado.

Sin embargo la falta de habilidad para comunicarse de ambos había dejado que el silencio fuera la compañía habitual de las largas caminatas.

Era una de mis primeras novias, y con ella descubrí que no había aprendido a entablar conversaciones. Los silencios eran demasiado voluminosos para pasar inadvertidos.

Para colmo una pareja de amigos de la misma edad, 17 años, caminaban al lado nuestro y no paraban de hablar y de reírse, haciendo más incómodo nuestro mutismo.

No sabía si quería seguir caminando o si prefería que la arena de la playa ¡¡¡se transformara mágicamente en arena movediza y me tragara!!!

La incomodidad a esa edad se me transformaba rápidamente en toma de decisiones en dirección de huida rauda y veloz.

Con la excusa de que en Pinamar habían pocas olas, pocos minutos después ya estaba volviéndome a Miramar, donde mi familia pasaba las vacaciones de verano, y con ello volvía a mi surf, lugar en donde me sentía como pez en el agua.

¿Te das cuenta? En aquel entonces **creí que yo era así**, es decir **callado**. Mi falta de habilidad en estrategias comunicacionales se había transformado en parte de mi identidad.

¡¡¡Si me vieras ahora!!! no paro de hablar en cuanta reunión o encuentro esté.

Es más, ahora mi esfuerzo está en intentar quedarme ¡callado!!!

Unir la identidad a algún defecto es muy común entre nosotros los hombres o mujeres.

La falta de habilidad para establecer una dieta sana o una vida saludable, se transforma rápidamente en "el **gordo**".

La falta de habilidades comunicacionales se transforma velozmente en "el **tímido**".

El fracaso en establecer vínculos armoniosos y duraderos se transforma fulminantemente en "la **solterona**".

Y así podríamos continuar dando ejemplos de cómo la identidad se une casi inconscientemente a algún defecto que podría cambiarse fácilmente.

En los ejemplos anteriores nos centramos en las limitaciones de la etapa, pero ahora veamos qué podemos hacer al respecto para cambiar estas limitaciones y transformarlas en dones.

Esta primera etapa es para aquellos que quieran comenzar a transitar el camino que los conducirá hasta sus mayores anhelos.

Por ello, aquí comenzaremos a realizar pequeñas actividades que nos aconsejen nuestros mentores o modelos.

¿Realmente quieres ser feliz y libre en cada área de tu vida?

Para arrancar esta etapa te propongo lo siguiente

Busca un **mentor** o modelo.
Alguien que admires por ser **testimonio** en el área que quieras crecer.
Tal vez necesites buscar un modelo para cada área diferente.

Aprende sobre él, sobre su sistema de creencias, sobre sus conductas habituales, sobre su forma de proceder.

Imita aquello que descubriste de esta persona.

Seguramente que pronto verás que obtendrás los mismos frutos que esa persona consiguió.

Al parecer este ejercicio pareciera sencillo pero fácilmente suele enredarse.

Por ejemplo me ha pasado que intenté buscar un modelo en lo económico, lo encontré, pero esa persona no era un modelo en lo espiritual.

No es que era malo, ni corrupto, ni nada por el estilo, al revés era súper honesto, pero en el área espiritual yo tenía modelos de crecimiento en la mística de santidad que me seducían más para intentar imitar.

Fácilmente cuando encontramos un modelo en un área, si vemos que no es tan perfecto en otra área, esa observación causa cierta opacidad que termina por confundir y el interior expresa algo así:

"yo quiero crecer económicamente pero no quiero ser como él en tal área...", y con esta afirmación sepultamos lo bueno, noble y maravilloso que esa persona podía trasmitirnos.

Con el modelo en lo espiritual decimos lo mismo: "quiero ser como él en lo espiritual pero en lo económico quiero crecer y desarrollarme.."

Al final nos quedamos a **medio camino** y no seguimos el modelo de ninguno de los dos.

Lo que te propongo aquí es que tomes lo mejor de cada uno y lo hagas propio. ¡¡¡Sigue pareciendo sencilla esta propuesta pero luego vuelve a enredarse nuevamente!!!

Es que nosotros ¡¡¡no nacimos de un repollo!!!... venimos con una historia previa cargada de creencias familiares, sociales, culturales, y también personales. Estas creencias modelan nuestras formas de actuar y nos proponen todo tipo de conductas, actitudes, formas de comunicarnos, roles.

Para verdaderamente poder cambiar habrá que sacudir fuertemente ese **bagaje previo** y voltear todo aquello que obstaculiza nuestro desarrollo.

Ni te imaginas las cantidades de **creencias que tendrás que cambiar** en cada área para lograr mejorar. Porque la verdad es que, si continúas creyendo lo mismo que hasta ahora, entonces obtendrás los mismos resultados que has obtenido hasta el momento.

La madre de los deseos...

Viajar a lugares exóticos es siempre una idea que en mí, causa una pasión como pocas cosas pueden cuasar.

Mis planes se habían hecho realidad, estaba viajando a Costa Rica, con mi querido amigo Ricky, para hacer Surf.

Creo que lo que uno **desea con pasión** finalmente se manifiesta en la vida.

Anota esta última idea porque no la dije al pasar sino que es una de las más importantes.

Con humildad y entusiasmo te propongo que ésta súper creencia la anotes en un cartel inmenso y la coloques en algún lugar bien visible.

Este deseo de viajar lo tenía incorporado en mí ser hasta el tuétano.

Pero luego vinieron los años en donde **"debía"** ser más prudente. Poco a poco la prudencia se transformó en una **asesina silenciosa** de la pasión.

La "prudencia" mal entendida por supuesto. Esa prudencia mediocre que muchas veces la sociedad transmite a sus jóvenes y les quita lo mejor de ellos, sus ideales y sus utopías.

En *Teoterapia* trabajamos sobre qué significa la verdadera prudencia, y es el arte de discernir lo que es bueno. Es decir que no tiene nada que ver con la palabra "temor".

Pero aquí te cuento que el "debía" mató mis sueños, y poco a poco mi vida pasional respecto de los viajes comenzó a apagarse.

Suponía que como había cambiado mi ciclo vital, mi estado civil y religioso (ahora estaba casado, con hijos) entonces debía no pensar en viajes sino en instalarme en algún lugar "**seguro**" y ser "**estable**".

Todas palabras que pudieran ser buenas siempre y cuando no atenten contra la libertad o los sueños. Los ideales y los sueños, son el **combustible** de la vida.

Ahora reciclo esos ideales y mi vida comienza a desplegar sus alas nuevamente.

Como te contaba unos párrafos más arriba, estaba viajando a Costa Rica con mi amigo.
La aventura del viaje todavía causa en mí un movimiento interior que es difícil de describir. Pasión, alegría, satisfacción, entusiasmo, fogosidad, gozo, y varios afectos más surgen de lo más profundo cuando describo un viaje o cuando planeo el próximo.

Pero aquel viaje fue el último por varios años. Creí que para ser adulto, serio, y responsable, tenía que dejar de lado aquellos sueños.
No entendí ni noté que al realizar aquella mudanza interior me apagaría como una flor que no recibe la suficiente luz.

Con los años la pasión sólo asomaba tímidamente cuando le describía a alguna persona los viajes que había realizado en mi juventud. Poco a poco me iba transformando en aquel personaje melancólico que vive contando sus logros pasados.

Gracias a Dios, aquella etapa duró sólo algunos años.
¡¡¡Los sueños tienen que estar!!! Habrá que reciclarlos, adaptarlos, planearlos, pero ¡¡¡nunca suprimirlos!!!
Y para que sea más fácil alcanzar los ideales es muy bueno que primero nos sumerjamos en nuestro interior para sacar a luz aquellos anhelos que tal vez se fueron apagando en el transcurso de los años.

Mira, la vida en abundancia supone ser bien **ambicioso**.
Ambicioso como sinónimo de persona anhelante, esperanzada, y resiliente, es decir que posee la capacidad de estar siempre buscando levantarse después de las caídas y seguir adelante persiguiendo sus mayores sueños.

toioines2@yahoo.com.ar

No se trata de ser prudente **o** libre, sino de ser prudente **y** libre. Nos se trata de ser responsable **o** aventurero, sino de ser responsable **y** aventurero.

¿Notaste que cambié la "y" por la "o"?.

Ahora querido amigo o amiga te voy a presentar otras etapas para que puedas seguir adelante hacia la felicidad plena.

Pero antes te propongo que busques tus **mayores sueños**, tus mayores ideales y los escribas en un **diario personal**.

Por el momento no importa **cómo** harás para alcanzarlos, ese es un punto que tocaremos más adelante. Simplemente vuelca en una hoja esos sueños que te despiertan pasión.

Si no encuentras esos sueños entonces te conviene **detenerte** más aún y trabajar este punto porque nadie puede crecer y ser feliz, hasta el extremo, si no encuentra primero sus mayores sueños que lo empujen desde adentro.

Acuérdate: "lo que uno **desea con pasión** finalmente se manifiesta en la vida".

Segunda etapa: Discursiva o de reflexión.

La tarde de un ejecutivo…

Mientras caminaba las cien cuadras por día, y luego de algunos meses de gastar algún que otro par de zapatos, en mi interior se iba gestando un **malestar** difícil de explicar.

Por un lado necesitaba el salario de ese nuevo trabajo, pero al regresar cada día a la oficina principal iba observando que los empleados que trabajaban allí tenían puestos laborales mucho más atractivos que el mío.

Me llamaba la atención, por sobre todos, **el jefe** de la empresa.

Era un adulto relativamente joven, recién atravesando la cuarta década de vida, bien vestido, traje de marca, zapatos tan nuevos y lustrados que parecía prácticamente imposible imaginar que alguna vez hubieran pisado el suelo. Corbata al tono, camisa impúdicamente blanca con gemelos en las mangas. Y su cara lucía una afeitada tan al ras que haría envidiar a cualquier publicidad de máquinas de afeitar.

Estaba bien vestido sin duda, y aquello era llamativo sólo si comenzaba a compararlo con mi vestuario de aquel momento: zapatos tan gastados de las miles de cuadras atravesadas en los últimos meses que, tal vez, algún dedo curioso pronto comenzaría a asomar por algún agujero.

Camisa arrugada remangada por haber estado esperando en diferentes asientos a ser atendido, y transpirada por el calor de Buenos Aires en pleno verano.

Traje grueso, llamativamente incoherente con la temporada de verano, y ¿qué esperabas?, lo había conseguido en un "sale" más barato por fin de temporada invernal.

Corbata al tono pero desencajada, porque luego de haber estado todo el día bajo el calor abrasador del microcentro porteño, cada ajuste de corbata se percibe como un principio de ahorcamiento.

Lo cierto es que si bien la comparación entre ambas vestuarios era notoria, lo que más me había impactado no era tanto aquello sino que, como yo trabajaba en el área de contabilidad de la empresa, tenía acceso a las planillas en donde se expresaban las remuneraciones correspondientes al personal.

Allí me quedé helado, más allá del aire acondicionado que con un tenue ruido acusaba su presencia. El importe que señalaba el ingreso mensual, del ejecutivo descripto, ¡¡¡presentaba varios "ceros" más que el mío!!!.

Para colmo de males, luego de un almuerzo frugal (y no para adelgazar sino para no gastar el salario completo en los almuerzos), cuando me prestaba a iniciar otra ronda de simpáticos trámites, noté que el CEO (Chief Executive Oficer, es decir Jefe y Ejecutivo de una empresa líder), se retiraba de su oficina junto a otro aparente ejecutivo (luego de algunos meses en la calle uno aprende a identificarlos rápidamente) con los palos de golf cargados en el hombro y saludando al personal con una amplia sonrisa que dejaba entrever la dentadura de publicidad de dentríficos.

¿Quién dijo que trabajando duro se gana bien? El que ha afirmado aquello nunca ha trabajado en una empresa como aquella.

Alguien luego pretendió explicarme que jugar al golf por las tardes, de un día de semana, es la forma en que los CEOS realizan "negocios" que luego permitirán que personas como yo consigan trabajo.

Allí me encontraba, parado, sin saber cómo sacarme el gusto a pan artificial del último sándwich barato que había conseguido, y observando la forma en que un ejecutivo "trabaja duro" para llevar el pan a su casa.

Algo no andaba bien en aquellas comparaciones.

Tales asimilaciones nunca supe bien si respondían a sentimientos de envidia, acedia o si por el contrario eran nobles sentimientos que darían pie a objetivos de crecimiento a futuro. Probablemente estaba todo mezclado.

Lo cierto es que allí comenzaba a **"discurrir ideas"** sobre: el trabajo, los ingresos, el trabajo "duro", los ejecutivos, etc.

Discurrir significa **pasar de una idea a otra** con cierta **lógica**. Tal discurso de mi mente pronto derivó en mayor disconformidad respecto del trabajo que ostentaba.

En los días sucesivos, las cuadras parecían ser mas largas que antes.

Al mismo tiempo, algunos carteles publicitarios se hacían, por mucho, más notorios a mi atención.

Cada vez que pasaba por la puerta del Banco de Boston había una cartelera que anunciaba diferentes cursos sobre administración de empresas, finanzas, o economía.

Comenzaba a gestarse en mí la idea de que, si me **formaba** en esas áreas, pronto llegaría a conseguir **mejores oportunidades** laborales.

Tales cabildeos interiores son propios de esta etapa discursiva.

Se comienza entonces a cuestionarse sobre la forma de alcanzar mejores resultados, la necesidad o no de formarse en alguna área o especialización.

Las diferentes estrategias para lograr asensos u otros trabajos.

Ya no se repite automáticamente todo, sino que se empieza a debatir interior o exteriormente sobre las diferentes posibilidades.

Se comienzan a calcular diferentes conductas o estrategias, y luego se miden los resultados.

Pero tales cálculos no pretenden buscar nuevas alternativas sino que se intenta repetir lo que otros han marcado como conveniente.

Es decir que en esta etapa no se es muy creativo sino que se repiten creencias aprendidas sobre cómo alcanzar mejores resultados a través, generalmente, de sistemas de creencias populares.

Por ejemplo: ¿Quién puede oponerse a la idea de que estudiando un curso de formación en alguna especialidad, o una carrera profesional, se consiguen mejores puestos laborales?

Allí estaba entonces buscando nuevos horizontes de formación que me permitieran crecer en la empresa en la cual me encontraba. La cartelera del Banco reflejaba como en un espejo lo que expresaba mi interior.

Durante la etapa discursiva, la mayor parte de las personas, discurren ideas tanto interior como exteriormente.

Por "**interior**" se entiende al diálogo íntimo que cada uno encierra dentro de sí, pero como fruto de tal diálogo luego se implementan nuevas acciones o actitudes.

Por "**exterior**" se entiende al diálogo con otros, en forma de debates o discusiones.

Lamentablemente muchos en esta etapa se hunden en la crítica de todo lo que evalúan como negativo, discuten todo, pero consiguen paupérrimos frutos con tal actitud.

Las empresas están colmadas de individuos que atraviesan estas últimas experiencias.

Los disgustos interiores, frutos del discurso íntimo negativo, se derivan rápidamente en críticas al sistema, a las autoridades empresariales, municipales, provinciales, nacionales, a los compañeros, al país, a las potencias extranjeras, a la familia, al matrimonio, a los hijos o a los padres, a la sociedad, y hasta a Dios.

Cuántas personas conocidas que tal vez han estudiado, se han especializado en alguna área, o han intentado desarrollar alguna especialización en un oficio, terminan sus días discurriendo ideas negativas sobre el por qué no lograron alcanzar sus anhelos más preciados.

Es una etapa de **escaso conocimiento de sí mismo**, por ello la responsabilidad del fracaso o del éxito se deposita en el "**afuera**".

Si a la persona le va mal, entonces culpará a alguna persona o circunstancia externa.

Si a al individuo le va bien, entonces adjudicará tal circunstancia a la "suerte".

Por ello algunos dirán:

"En este país no se puede avanzar".

"Esta empresa es un desastre, no hay oportunidades de crecimiento".

"Nadie valora los esfuerzos que realizo y le dan el puesto a otros".

"La universidad es para pocos acomodados, por eso yo no pude asistir".

Otros agregarán:

"Ese tuvo suerte".

"Pudo crecer porque tiene algún conocido en la empresa".

"Le fue mejor porque será corrupto".

"Nació en una familia acomodada".

¿Escuchaste alguna de aquellas afirmaciones alguna vez? ¡¡¡Por supuesto que tú nunca te escuchaste afirmando algo así!!!

La verdad es que todos alguna vez hemos caído en este tipo de discurso interior. Por ello a esta etapa se la llama "discursiva".

Como todavía no hay un verdadero conocimiento de sí mismo, posiblemente muchos personas que atraviesan esta etapa carecen de perseverancia por lo cual la crítica, interna o externa, deriva en la renuncia o despidos a numerosos puestos de trabajo.

Buscar el trabajo mejor, con mejores autoridades, un mejor país, una mejor sociedad, una mejor pareja, una mejor universidad, es la excusa perfecta para **abandonar** todo emprendimiento una vez que se perciben las primeras notas negativas.

El típico "**cínico**" es un personaje de esta etapa. Es aquel que cree "saber" todo sobre el mundo y sus habitantes, pero que en su vida no refleja los resultados de tal "sabiduría".

El cínico intenta expresarse con burlas sobre cualquier otro que busca avanzar en la vida. Tal postura podría estar dirigida por una fuerte influencia de la "acedia" interior. La **acedia** es una especie de "envidia" pero mucho más espiritual. Es la alegría por el mal ajeno o la tristeza por el bien del otro.

En esta etapa también, puede ocurrir que la persona se obsesione con la formación, y por lo tanto nunca intente dar pasos para poner en práctica aquello aprendido. Podría llegar a anquilosarse como estudiante "eterno".

¿Te ha pasado alguna vez sorprenderte a vos mismo defendiendo este posicionamiento en la vida?

De cualquier manera esta etapa es mejor que la anterior porque, por lo menos, el individuo comienza a cuestionarse sobre las diferentes estrategias que se le presentan para arribar a mejores resultados.

Es decir que tales cuestionamientos pueden llegar a impulsarlo a la siguiente etapa.

La zanahoria de Jimena...

Estaba allí... Muy adentro, en las frías cavernas que se formaban entre nylons y alimentos.

Imponente, majestuosa, y vanidosa, la zanahoria observaba a Jimena desde su frío corazón. Sabía que ella era parte del menú que le había sugerido alguna revista de divulgación a Jimena, y esperaba tenaz y obstinadamente que abriera la heladera y la escogiera entre los otros productos.

Poco a poco lo anaranjado de su piel fue trocando en pálido verde musgo, y con ello también se mudaba y se desvanecía su ego que venía de colocarse entre el "Dream Team" de los alimentos sanos y ahora era tratada impunemente como desperdicio.

Es que Jimena estaba más podrida que la pobre zanahoria. Había intentado cuanta dieta existía.

En aquellos desesperados intentos su carácter se había transformado de ser una púber alegre, despierta y espontánea, en una adolescente histérica, cargada de complejos, y depre.

Todo en parte se justificaba interiormente al comparase frente a un espejo frente a las chicas que observaba en su telenovela preferida.
Allí estaban "ellas", la más fea podía competir por "miss mundo" y ganar.
Es más, había una telenovela que justamente la protagonista estaba disfrazada de fea. Pero todos podían darse cuenta a la legua que debajo de ese disfraz había un bombón. Por ello esa modelo tampoco le servía a Jimena para identificarse.

Trató con otra telenovela. Una en la cual había dos grupos de chicas, las feas y muy buenas, versus las lindas y malas.
La idea de la telenovela era dejar una moraleja de que no importa tanto ser **lindo** sino que es mucho más importante ser **bueno**.

¿Qué pasó con la telenovela?

toioines2@yahoo.com.ar

Al poco tiempo ¡¡¡todas las chicas de su colegio habían querido ser como las lindas y malas!!!.

El mensaje que había querido transmitir la telenovela parecía imposible de asimilar por las chicas de su edad.

Jimera era agradable a la vista. Tenía una figura armónica y simétrica, acompañada por movimientos serenos y pausados.

Su cabello permanecía atado obsesivamente como metáfora de las ataduras interiores.

Sus ojos habían dejado de brillar pocos años atrás, tal vez como fruto de las cataratas que le producía mirar más para afuera que para adentro.

Su nariz apuntaba finalmente más para el piso que para el horizonte, marcándole así la dirección de sus actos.

Su aura corporal hacía revelar cierta belleza escondida en su interior pero que se opacaba más y más a medida que se reflejaban sus complejos.

Pronto el sobrepeso de Jimena se había transformado en una tortura que la empujaba a conductas que hoy científicamente se llaman "**trastornos de la alimentación**".

Ella se debatía interiormente entre ser gorda y feliz o flaca y amargada.

Pero cada vez que intentaba no focalizar en una dieta, y aumentaba de peso, la felicidad se desvanecía al mirarse al espejo.

Y cada vez que intentaba perseverar con alguna dieta que la mataba de hambre, el mal humor brotaba desde sus entrañas.

Estaba entrampada en la **infelicidad**. No había forma de ganar en ese juego.

Hiciera lo que hiciera el resultado parecía similar.

Y allí seguía esperando la pobre zanahoria...

¿Conoces a alguien que se encuentra entrampado en aquella situación? Seguramente que sí.

Por eso un sin número de veces durante esta etapa se discurren ideas que son frecuentemente falsas o paradojales, por lo cual se arriba a conclusiones erradas o deformadas.

La pobre adolescente se dirime sobre finales negativos cuando numerosísimas estrategias podrían sacarla de aquella paradoja.

Pero a veces vivimos en un raviol con vista al tuco y carecemos de capacidad para buscar respuestas creativas que tengan que ver con nuestros sueños e ideales.

Ella podría saber que si quiere mejorar respecto de su cuerpo primero tendrá que buscar un ¡¡¡referente sano y no de telenovela!!!
Y segundo tendrá que aprender sobre el sistema de creencias, razonamientos y conductas que tiene esa persona para tratar de imitarla.

Luego comenzará un proceso un poco mas comprometido que tiene que ver con generar hábitos nuevos y saludables. Después aquellos hábitos la llevaran donde sus sueños sin tanto esfuerzo.

¿Vas notando a donde quiero llegar?.

En la vida siempre estamos generando hábitos. El problema es que generamos hábitos y luego ellos nos llevan a lugares algunos deseados y otros temidos. Habrá entonces que diseñar una estrategia más coherente.

Pensemos juntos por un instante...

Al que le va muy bien en el área vincular tiene **hábitos comunicacionales** que lo llevan a esos logros.
Tiene un sistema de creencias que sirve como soporte para sostener o engendrar aquellos hábitos.
Y seguramente tiene **referentes reales o imaginarios** que le sirven como modelos.

El que ha obtenido logros mesurables en el área económica tiene seguramente **hábitos administrativos** adecuados a sus logros. Tiene conductas particulares que lo empujan al éxito económico más allá de las circunstancias puramente fortuitas externas. Y tiene un sistema de creencias que soporta tal estructura conductual.

Cuando hago referencia a estas personas quiero hacer notar que hablo de modelos sanos y estables, y no de personas que obtienen algún logro pasajero. Muchas personas pueden ganar un día la lotería pero si no tienen hábitos adecuados para el progreso y el logro económico, fácil y rápidamente se funden nuevamente.

Por ello en esta etapa lo **más importante** es buscar **referentes** que nos compartan su sistema de creencias y nos muestren su hábitos cotidianos para así ir formándonos nosotros también.

¿Mi referente en materia económica?

Yo tomaba "clases" de economía personal con mi amigo **Andy**. Él era fabuloso en ésta área, y hasta me fui del otro lado de Argentina para poder aterrizar en su casa por unos días y ver personalmente cómo era que manejaba sus empresas, cuál era su sistema de creencias respecto de la administración del dinero y de los bienes.
Él me enseño mucho a través de cada idea que me compartió, pero mucho más me enseño el verlo actuar.
Algunas de las muchas cuestiones en materia de economía personal que aprendí con él, las verás reflejadas en los siguientes capítulos, y también haremos prácticas concretas en el siguiente libro llamado: **"Taller para Caminar hacia la Libertad"**.

Muchas veces no tenemos referentes cercanos para visitar pero podemos buscarlos en los libros o en las películas.
Cuando veo películas sobre Juan Pablo II o sobre Gandhi, me inspiro en materia espiritual y mis ideales en aquella área se ven potenciados.

Esta etapa es espectacular para formarte a través de los mentores que te lleven hacia una mayor libertad en cada área.

Si te sientes identificado con esta etapa, te sugiero que continúes leyendo para observar cómo es la próxima etapa.

A medida que vamos avanzando también se verá un crecimiento en libertad.

¿Te animas a seguir adelante?...

Tercera Etapa: Afectiva o pasional.

Si la etapa anterior se caracterizaba por ser sumamente **mental**, es decir una época de la vida en donde se cuestionan ideas, estrategias, resultados, esta etapa se caracteriza por ser sumamente **afectiva**, pasional, sentimental.

Es decir que durante esta época las personas suelen tomar decisiones en base a **criterios afectivos** y no tanto en razonamientos intelectivos.

Lo maravilloso de esta etapa es que el entusiasmo "mueve montañas", y la persona intenta realmente buscar buenas alternativas que tengan que ver con sus sueños o prioridades.
Se toman decisiones en base a los afectos, o en base a los gustos personales.
Desde ese lugar el individuo intenta alcanzar los objetivos que le dictan sus motivaciones.

Sin embargo, suele suceder que todavía la persona **no se conoce** tanto **interiormente** y, como consecuencia de tal ignorancia, no sabe discernir sobre las **raíces** de sus motivaciones.

Tal vez quiera ser astronauta pero no sabe si tal elección está teñida porque su padre era astronauta y lo presionaba para tal profesión, o porque tiene fobia social y quiere huir del mundo e irse a vivir a Marte, o porque se enamoró de una telefonista de Houston Texas, o porque piensa que el traje lunar le sienta bien y disimula más los rollos de los kilos de mas que tiene en la cintura!!!

Pero, de cualquier manera, es un gran paso comparado con la etapa anterior. Aquí la persona comienza a involucrarse interiormente con sus metas y objetivos.

Los que atraviesan este período generalmente son **inestables** porque los **sentimientos** de cualquier individuo suelen ser **inestables**.
Habitualmente deciden por la emoción, motivados por los impulsos propios de las emociones.

Es decir que el entusiasmo, las ganas, o la depresión y el desgano, son riendas que tiran para uno u otro lado, sin mediar, usualmente, procesos de reflexión coherentes y maduros.

Chau al asadito del sábado en familia...

Jorge, un joven hiperkinético de 45 años, había conseguido un trabajo en una tienda de ropa empujado por la **desesperación** de mantener a sus cuatro hijos y estando separado de dos ex mujeres.

Su desesperación inicial lo había provocado a aceptar ciertos horarios laborales que no concordaban con **su ciclo vital** ni con su estado de vida actual. De hecho tenía que trabajar durante todo el fin de semana. Sus hijos le reclamaban pasar el fin de semana juntos dado que durante la semana todos ellos concurrían a la escuela.

Así sus **prioridades** en la vida **colisionaban** en una situación tal que le era muy difícil elegir. La elección finalmente la realizó la "**desesperación**".

Poco tiempo después, el compromiso negativo que tenía con el nuevo trabajo, al haber tenido que aceptar una frecuencia laboral contraria a sus intereses prioritarios, hizo que se comenzaran a ver los primeros frutos de esa contradicción. Él comenzó a reclamar algún que otro fin de semana libre para poder estar más tiempo con sus hijos.

La dueña del negocio, por su lado, lo había contratado justamente porque tenía necesidad de cubrir el puesto con personal de fin de semana. Finalmente el malestar subió de tono, y el joven renunció argumentando que en ese trabajo no tenía libertad porque no consideraban su situación de padre.

Pocos días después estaba buscando un nuevo trabajo pero ahora con **mayor desesperación**, sumando así a su estado anterior la frustración de haber fracasado en el intento de conseguir un trabajo más estable.

¿Te parece conocido el ejemplo?

Cuántas veces hemos atravesado circunstancias parecidas en donde las emociones fuertes nos empujan a elegir o a renunciar a diferentes empleos. La desesperación, o el entusiasmo en exceso, pueden llevar a **opacar** la realidad de cualquier oferta u oportunidad laboral.

Las emociones fuertes suelen **nublar,** en alguna medida, la mente.

Ejemplos claros de este tipo de emociones fuertes se observan a diario en relaciones de pareja violentas, en relaciones laborales con stress vigorosamente marcado.

Así nuestro amigo iba deambulando de trabajo en trabajo sin poder afirmarse en alguno que pudiera satisfacer su demanda interior.

De más está decir que el joven en su **vida efectiva** actuaba de manera similar, y sus vínculos de pareja y sus vínculos familiares denotaban su inestabilidad interior.

En un taller intenté tímidamente sugerirle que su problemática no se debía tanto al haber encontrado una oportunidad laboral incoherente con su estado de vida, sino que su problema tenía raíces en su forma de ver el mundo y su afectividad inestable.

¡Un minuto más tarde estaba enojadísimo conmigo y con mi incapacidad para comprenderlo!

Por eso generalmente la persona que atraviesa esta etapa es muy inestable. Guía sus decisiones en base a sus afectos. Y los afectos generalmente son frecuentemente frágiles e inestables.

Por ello la persona que se ciñe a esta forma de percibir el mundo y de tomar decisiones, usualmente no logra perseverar lo suficiente para **progresar** en la vida.

Poca perseverancia, sumado a una escasa tolerancia a la frustración, son **condimentos explosivos** de un cóctel que supone malos presagios para el futuro.

Frecuentemente notamos que la persona muy emotiva es inestable en todos los ámbitos de la vida.

Varias parejas, varios trabajos, varios inicios de estudios en diferentes carreras, o diferentes deportes o pasatiempos, amistades.

¿Has estado allí?
¿Cuántas decisiones habremos tomado en la vida presionados por los afectos pasionales?

Había un gran sabio del Siglo XVI que decía que las decisiones importantes de la vida había que discernirlas cuando se estuviera tranquilo y en paz.

A ese estado se le llama "**Consolación**".

Luego de tomar decisiones en ese estado de consolación, el sabio aconsejaba que se debiera **sostener** lo decidido mientras se estuviera en momentos oscuros o turbulentos.

A ese segundo estado se le llama "**Desolación**".

Y agregaba que siempre es **muy peligroso** tomar decisiones en momentos de **desolación** porque generalmente se evalúan las oportunidades de acuerdo con la desesperación del momento.

Ese gran sabio se llamaba **San Ignacio de Loyola**.

Fíjate que frecuentemente tomamos decisiones de manera contraria a lo que el sabio aconseja.

En momentos de crisis solemos tomar grandes decisiones.
En crisis laborales decidimos renunciar.
Durante fuertes conflictos de parejas, decidimos divorciarnos.
En aprietos económicos decidimos solicitar un préstamo.

Cuando estamos re mal al ver nuestro cuerpo comenzamos a hacer una dieta extremista.

Coloca aquí el ejemplo personal que quieras...

El aroma del café comenzaba a impregnar mi imaginación.

Sentado frente a la computadora, mientras te escribía, mis pensamientos corrieron buscando sorprenderse con algún ejemplo cercano sobre aquello que te comparto...

El trueque del cuarentón…

Alberto y Mena, eran la pareja perfecta.

¡¡¡Hasta los Ingals hubieran envidiado esos primeros años de matrimonio!!!

Habían estado doce años casados y tenían cuatro hijos. El mayor tenía diez años.

Alberto había estado dedicado al trabajo para buscar alternativas de mayor ingreso económico para abastecer al creciente grupo familiar.

Era un profesional reconocido en el área de la administración de empresas, y su inserción laboral había comenzado a dar buenos frutos.

Mena se había dedicado en mayor medida a criar a sus hijos

Apenas casados, los tortolitos, se habían mudado a un departamento pequeño de dos ambientes que alquilaban a pocas cuadras del subte de manera de favorecer los traslados por la Capital Federal de Argentina.

Alberto mantenía una muletilla desde que había dicho sí delante de un sacerdote: "el matrimonio es el mejor estado del hombre".

Se sentía plenamente feliz con su joven pareja. Y ambos irradiaban aquella frase que se discurría por sus labios con inmoderada frecuencia.

Durante doce años reflejaron lo que cualquier soltero o soltera aspira a tener cuando contraiga matrimonio. Ciertamente eran la sana envidia de su grupo cercano de amigos que por esa fecha ya estaban casi todos divorciados de su primer matrimonio.

Nahuel, el mejor amigo de Alberto, los visitaba constantemente. Había sido el último del grupo en casarse, y su soltería lo hacía sentir un tanto incómodo en la reuniones porque Alberto y Mena hablaban todo el tiempo del proceso de crecimiento de sus hijos y Nahuel no sabía muy bien qué compartirles.

Por eso con el correr de los años Nahuel fue disminuyendo la frecuencia de visitas a la casa de Alberto y Mena.

toioines2@yahoo.com.ar

Un día, luego de pocos meses de no haber estado en contacto con la pareja de amigos, Nahuel se encontró con otro conocido del grupo y se enteró de la noticia. ¡¡¡Alberto y Mena se habían separado!!!

Pero para peor, Alberto estaba viviendo con su nueva pareja quince años más joven que su ahora ex mujer.

Nahuel experimentó en aquel momento un cóctel de emociones: sorpresa por la noticia, mezclada con tristeza profunda porque quería muchísimo a ambos, y con tres gotitas de curiosidad por saber qué es lo que había pasado.

Un trueque tristemente frecuente entre los cuarentones. ¡¡¡Cambiar a su mujer de 40 por dos de 20 pareciera un deporte de moda en algunos círculos!!!

Todo había sucedido tan rápidamente que costaba ver, en la situación actual, al sujeto del testimonio de aquella frase que había inspirado en tiempos de soltería a muchos de sus amigos: "el matrimonio es el mejor estado del hombre".

¿Qué había fallado? ¿Qué sucedió en esos últimos meses que los habían empujado a tomar la decisión de separarse?

Algunos dirán que es mejor separarse que llevarse mal en el matrimonio.
Se podrá admitir que tal respuesta podría llegar a ser correcta y coherente, sobre todo en aquellos ambientes en donde la espiritualidad no está muy arraigada.
Pero lo cierto es que este matrimonio había atravesado diez años de un vínculo prácticamente perfecto. Ambos fueron muy felices durante esa década. Sin embargo algo había sucedido que había precipitado la crisis en pocos meses.

El cuarentón intentó explicar a Nahuel con algún tipo de incoherencia el por qué se habían separado.
Atravesar los "40" les había afectado a ambos. El sentimiento se había "apagado". Ambos querían algo "nuevo", y allí estaba la de 20, frecuentemente más atractiva, muy joven, todavía con la inocencia de que el sentimiento puede durar toda la vida, y por supuesto sin el recorrido posiblemente desgastante de la convivencia cotidiana.

Bueno, lo cierto es que al atravesar su primera crisis de pareja, ambos no supieron enfrentar los conflictos y decidieron separarse por los vaivenes propios de los "sentimientos".

Las **crisis sentimentales** suelen opacar el presente y teñir con su color los recuerdos del pasado, y hasta las expectativas futuras.

Muchas parejas como ésta, en momentos de crisis sentimental, llegan a decir: **"nunca la amé"**, o "no es posible que el amor vuelva a nuestra pareja". Olvidan que pocos meses antes ambos eran testimonio de una pareja maravillosa.

Así, de la misma manera que suceden estas cosas en los vínculos amorosos, sucede de manera similar en los ambientes laborales, en las crisis económicas, en los conflictos con amistades o de familia.

Por ello es bien peligroso tomar decisiones cuando se tienen puestos los **anteojos** de la crisis. Todo se ve del color de los cristales de esas gafas.

Mi café había llegado a su término, pero los recuerdos seguían intentando sobreponerse al impacto de la angustia que generaba ver como personas queridas resuelven sus crisis con mayores crisis.

Siempre es doloroso observar que la mayoría de las personas intentan resolver sus problemas en medio de las turbulencias interiores. Deciden así en base a las voces ruidosas de la desesperación.
¡Tales voces son generalmente las **peores consejeras**!

Al ver el fondo de la taza, no sabía si apurar otro pocillo de café, o si valía la pena alcanzar el celular para llamar a algún amigo que estuviera en una situación similar y decirle: "¿Qué estás haciendo?- Acuérdate que en las crisis no hay que tomar grandes decisiones. Acuérdate que eras testimonio de un matrimonio feliz, y que estabas enamoradísimo de tu mujer, de....".

toloines2@yahoo.com.ar

Luego advertí que tal conversación podría alejarme más de alguno de mis mejores amigos porque generalmente las personas no están dispuestas a percibir sus errores fácilmente, y menos cuando tal percepción es fruto de una señalización en momentos poco oportunos.

Decidí entonces seguir escribiendo...

¿Qué tal?

¿Conoces personas en esta situación? O ¿tal vez tú mismo has estado aquí?

Sigamos ilustrando esta tercera etapa.

Las personas que atraviesan esta etapa generalmente se manejan por **impulsos,** algunas pueden llegar a ser muy **gastadoras.** Son los típicos que utilizan las tarjetas de crédito hasta el máximo disponible.

Muchos de ellos apoyados en creencias como "en la vida hay que darse buenos gustos" o "no se puede vivir solamente para pagar cuentas", incurren en gastos desmedidos que luego no pueden saldar.

La esperanza de vivir mejor o de darse gustos superiores, no es negativa, pero lo que sí es pésimo es la **estrategia** que persiguen para alcanzar sus sueños. Hay estrategias muchísimo más sanas para alcanzar todo lo que quieras en la vida.

Como suelen ser personas impulsivas, hablarles de estrategias, metas, agendas, etc., no da mucho resultado.

No quieren cuestionarse sobre si el camino emprendido los llevará a donde quieren ir o los transportará hacia la mismísima ruina. La afectividad puede llevarlos a **arrastrar** a otros con sus entusiasmos o con sus titánicos (del barco "Titanic") hundimientos.

Si es una persona afectivamente muy "**positiva**" no podrá percatarse de las labilidades o riesgos de algún negocio, o de los peligros de un emprendimiento.

Si es un individuo afectivamente muy "**negativo**", no podrá notar una oportunidad en la vida por más que ella le esté golpeando la puerta de su casa.

Un éxtasis frente al Nahuel Huapi...

Unos cuantos años atrás, estaba intentando abrir una cadena hotelera en varias ciudades de argentina. Mi trabajo se focalizaba en la organización de los hoteles en la etapa fundacional.

Mi entusiasmo había arrastrado tras de mí a algunos conocidos a los cuales había convencido que la oportunidad comercial era única.

Allí estaba yo tomando un desayuno continental sobre una terraza de madera frente a uno de los paisajes más maravillosos del mundo, en una hostería de lujo.
Se lucía fastuosamente ante mí el lago Nahuel Huapi en la ciudad de San Carlos de Bariloche en el sudoeste del territorio argentino.

Las hojas del otoño hacían brillar su ocre opacidad, y la fragancia del polen irrumpía en el panorama, trocando sus veleidades con fermentos de dulzura irradiada por las moras. Majestuoso y mágico el paisaje me había hipnotizado.

A mi lado, sentado allí tan extasiado como yo, se encontraba mi amigo Andy. Sorprendido también por tamaña hermosura, aunque más acostumbrado a ese tipo de belleza dado que era instructor de Sky en un centro turístico de la provincia de Mendoza.

Pocos segundos después Andy me invitaba a que le mostrara los números que había calculado sobre las **utilidades** de la hostería que estábamos a punto de comenzar a administrar.

Tales preguntas parecían parte de una **herejía** frente a tamaño paisaje, pero la ocasión merecía focalizar en aquellas cuestiones.
Me sobrepuse rápidamente al rapto que las matemáticas habían ocasionado sobre aquella experiencia mística, y le compartí las planillas que había intentado bosquejar en Excel de Office.

Me había llevado mucho tiempo trabajar sobre aquellas planillas, direccionando celdas con números sobre pronósticos de ocupación, temporadas bajas y altas, tarifas de habitaciones, de alimentos y bebidas, costos de personal, seguros, extras y etcéteras.

Observando con detenimiento, Andy efectuaba una pregunta tras otra sabiendo que mi entusiasmo se apoyaba en algunas labilidades que los números expuestos, con agraciada ignorancia, ocultaban.

Con el tiempo, y pasados algunos años, me doy cuenta que en lugar de un pronóstico sobre la producción hotelera ¡parecía más una **carta astral** o un trabajo de un tarotista!.

Los ceros que impúdicamente se exponían en la columna de probables "ganancias", hablaban mucho de "**entusiasmo**" y poco de "**realidad**".

Andy, tal vez arrastrado por mi entusiasmo (es mi mayor carisma), aceptó hacerse cargo de la gerencia de la hostería, aun sabiendo que la "oportunidad" podía no ser tan deslumbrante como se la pintaba.

Tres meses después, mientras me encontraba en Buenos Aires elaborando planillas "astrales" sobre otros hoteles, recibí una inquietante llamada de Andy. Me decía en breves términos que se volvería a Mendoza porque se había dado cuenta que esa hostería no iba a generar ganancias suficientes, y que la oportunidad tenía demasiados riesgos de naufragar entre pérdidas.

¡Entre enojado y golpeado por la noticia, decidí hacerme cargo personalmente del asunto! Siguiendo mis impulsos afectivos me mudé a Bariloche por el término de los siguientes dos años.

Dos años después me volvía de Bariloche con pérdidas económicas profundas, y agotadísimo de tanto esfuerzo sin frutos.

El negocio era tan pequeño que el margen de ganancia era notoriamente distinto si se accedía o no a una mayor planta de personal.

Por eso, si faltaba el **chef** del restaurante allí estaba yo reemplazándolo para ahorrar los costos de una suplencia.

Si se ausentaba una **mucama**, allí se me veía con escoba en mano.

Si se enfermaba un **recepcionista**, el teléfono quedaba marcado en mi oreja.

Pocos meses después me encontraba sobrecargado de estrés, agotado, frustrado, y por supuesto, ¡con **deudas**!

Mi amigo había tenido razón. ¡Lo que a él le llevó tres meses darse cuenta a mí me costó dos años!

La ignorancia en cualquier ámbito es dolorosa, pero la ignorancia en materia financiera se traduce tarde o temprano en futuras deudas, quiebras, o en una esclavitud financiera aún mayor.

Para el "afectivo" las decisiones se manejan por corazonadas, intuiciones, pasiones, y entusiasmos, pero sobre ¿aprender de negocios?, ¡ni le hables!

Ahora bien, viendo lo expresado en los últimos párrafos, te estarás preguntando si realmente esta etapa es mejor que la anterior. Creo que **sí,** por varios motivos.

En esta etapa la persona descubre un **mundo interior** lleno de emociones a las cuales atender.
Todavía no sabe discernir bien sobre aquello que siente pero al menos comienza a percibir un mundo íntimo y el misterio que ese universo encierra.
Es un paso enorme porque en la etapa anterior los "razonamientos" podían llegar a ser resistencias para no percibir su mundo afectivo lleno de alegrías, deseos, y también de miedos y frustraciones.

Sin conocer ese mágico mundo interior, sin llegar a percibir las voces que resuenan desde lo profundo, es imposible seguir creciendo. Luego habrá que armonizar todo lo descubierto en este proceso, pero ello será parte de la siguiente etapa.

Por ello, si te parecía que estabas en esta etapa y te encuentras dispuesto a dar nuevos pasos, te sugiero lo siguiente:

Primero te propongo comenzar a **percibir** tu **interioridad** y tus **motivaciones**. Sería muy interesante que escribieras en una hoja lo siguiente:

Ejercicio...

Cuáles son los deseos más profundos de tu corazón respecto de tu vida futura: ¡¡¡Antes de escribir, presta atención!!! No te invito a que escribas lo que sería **adecuado** para ti, sino ¡lo que te **apasiona**!

Señalo esto porque la siguiente etapa podría ser un cementerio de tus sueños si no la diseñas de manera adecuada. Luego te contaré el por qué digo esto.

Volvamos al ejercicio.

Primero ponte en sintonía con la alegría y el entusiasmo. Esto que te invito a escribir tiene que despertarte una felicidad inmensa porque será acercarte a tus mayores anhelos y sueños.

Si este ejercicio no te despierta esos sentimientos entonces será por dos limitaciones frecuentes:

1) **No** tienes ni la menor **idea** de qué es lo que te apasiona.
2) Tienes **miedo** de soñar y volar bien alto.

Para cualquiera de las los limitaciones el ejercicio sirve de cualquier manera. Para la primera, al menos, será una forma de comenzar a explorar tus sueños. Para la segunda limitación, hay que intentar primero realizar el ejercicio sin buscar el cómo será que alcances tus sueños, sino simplemente primero habrá que definir cuáles son tus sueños.

Una regla importante es entonces no intentar pensar en si los sueños son o no realizables, sino que primero ¡¡¡hay que escribirlos!!! Luego veremos los pasos a seguir.

¡¡¡Da ese primer paso!!! ¡¡¡anímate!!!, ¡¡¡atrévete a volar!!!

¿Dónde te gustarías vivir?
¿En qué lugar geográfico?
¿Cómo es la casa con la cual sueñas? ¿Cómo es en detalle?
¿Qué tipo de vivienda sería tu hogar?
¿Qué vehículo quieres tener? ¿De qué color?

¿Qué nivel de ingresos sería el adecuado para sostener ese estilo de vida?
¿Cuál sería el trabajo de tus sueños?
¿Cuántas horas semanales le dedicarías al trabajo?
¿Cómo sería ese ambiente laboral?

¿Con quién o quiénes quieres vivir a tu lado?
¿Con cuáles amistades te gustaría compartir tu vida?
¿Qué tipo de personalidad te gustaría tener?
¿Cómo te gustaría y sueñas que fueran tus vínculos?

¿Hasta dónde te gustaría llegar espiritualmente?
¿Qué tipo personalidad espiritual te gustaría desarrollar?
¿Qué tipo de apostolado o irradiación espiritual te gustaría investigar o practicar?

¿Qué deportes te gustaría desarrollar o practicar?
Acorde con tu cuerpo, ¿qué peso quisieras mantener?
¿Dónde sueñas tus vacaciones o tus pasatiempos de fines de semana?
¿Qué tipo de dieta saludable te gustaría ampliar?

¿Se te ocurre alguna otra pregunta necesaria para desarrollar un perfil sobre el estilo de vida que sueñas para el futuro?

Ahora bien, ten en cuenta que aparecerán algunas **limitaciones** que te impedirán desarrollar el ejercicio.

No me refiero tanto a las creencias que te impiden dar pasos, sino a las emociones como temores, frustraciones, heridas pasadas, recuerdos, rencores, envidias, timidez.

Habrá **emociones** que se **reeditan** y que te paralizan cuando comienzas a discurrir sobre estos sueños.

Por ejemplo, si en el pasado intentaste realizar algún proyecto y se frustró, entonces la herida de tal recuerdo puede llegar a detener todo intento de sobreponerte y buscar nuevas estrategias. Miedos al fracaso irrumpen e interrumpen toda búsqueda de nuevos horizontes.

Tales temores son generalmente los **peores enemigos** de esta etapa.

Algunos sostienen que el miedo al éxito también es un obstáculo importante. He conocido algún testimonio al respecto, pero con mayor frecuencia me encontré con individuos virtualmente paralizados por el **temor al fracaso**, temor a caer en ridículo, temor al desengaño, temor a la desilusión, temor a ser rechazados.

Por eso es importantísimo que ahora descubras tus mayores anhelos y sepas que tendrás algunos **enemigos íntimos** que pronto se irán si así lo decides.

Si logras destapar estos **sueños pasionales** entonces te será más fácil transitar hacia la etapa siguiente…

Cuarta Etapa: Simplicidad o Madurez.

¿Quiénes llegan hasta aquí?
Suelen ser personas que han podido dar pasos importantes en sus vidas.

Para ser un poco más claro te voy a contar algunos ejemplos de los **dos tipos de personas** que llegan hasta aquí.
Fíjate si te identificas con alguna de ellas.

1) Un individuo que **ha subido** por una escalera:
   o Una persona que ha podido crecer en alguna comunidad o movimiento religioso, ya sea laico o consagrado, o tal vez ha crecido en una organización civil. Podría ser un párroco, un pastor, o un director regional de la cruz roja.
   o Alguien que ha podido escalar la carrera empresarial y ostenta algún tipo de gerencia en una compañía.
   o Alguien que mantuvo una relación estable matrimonial o de amistades.
   o Alguien que mantiene cierto dominio de sus pasiones, sobre todo de las negativas.
   o Alguien que ha perseverado en un gimnasio o en dietas para mantener un estado óptimo en lo corporal.
   o Una persona que ha logrado diagramar sus vacaciones a lugares placenteros una vez al año.
   o Alguien que ha podido finalizar una sólida carrera profesional con postgrados y ocupa algún lugar destacado dentro de su ambiente técnico o científico.

2) Un individuo que **inventó** una escalera:
   o Una persona que ha logrado fundar un pequeño movimiento religioso o una ONG (Organización No Gubernamental).
   o Alguien que ha conseguido fundar su negocio o comercio propio.

o Alguien que es testimonio de un vínculo duradero en lo matrimonial o en la amistad.

o Alguien que es testimonio de mantener algún rasgo afectivo positivo como la alegría o la mansedumbre.

o Alguien que diseñó un sistema de bienestar a su alrededor, tal vez con su propio gimnasio o dieta personal.

o Alguien que mantiene un proceso de formación en el cual se redesarrolla continuamente.

Fíjate que alguien que se ubica en estos lugares seguramente cree que ha alcanzado aparentemente alguna **cima**.

No es que ha logrado en cada área estos niveles, sino que en alguna de las áreas, tal vez en dos o en tres, ha logrado cierto nivel de éxito. Tal vez tu mismo has podido alcanzar en alguna de las áreas señaladas ciertos niveles de triunfo.

El gerente mira a los empleados que tiene a su cargo y puede dar cuenta de los pasos conseguidos hasta llegar a donde se encuentra.

El que tiene su propio negocio puede relatar la historia de los logros conseguidos para alcanzar semejante objetivo y observa a sus empleados desde alguna altura.

También aquel que dedicó años de su vida a la formación y al estudio, puede ver aquí los frutos de tanto esfuerzo.

A simple vista pareciera que ya fueran personas realizadas, y de hecho son modelos para otros jóvenes o adultos que aspiran a alcanzar lugares como los aquí descriptos.

Es que a nivel social este lugar es aparentemente un pico o cima, y no pareciera que hubiera mucho más para aspirar.

Lo cierto que esta etapa es, a mi entender, apenas la **mitad del camino** que hoy quiero compartirte. ¡Hay mucho más por delante para avanzar!.

El problema es que ni los que están en este nivel sospechan que hay mucho más para avanzar.

Por ello muchos al llegar hasta aquí dicen: "¡llegué!...".

Si alguien mira el camino recorrido puede observar que la persona que está en esta etapa ha avanzado mucho, por eso es muy difícil notar qué es lo que podría variar para seguir dando pasos.

Es alguien que ha perseverado, que tiene cierto dominio de sí, que conoce más que el porcentaje medio sobre su materia.

Pero hay algo que todavía no ha desarrollado.

Hasta aquí es una persona que ha trabajado para sí mismo o para un número muy reducido de personas. Esto último, si tiene algún empleado en su pequeña empresa, o personas a su cargo en la organización civil o religiosa.

Para dar un nuevo paso necesitará transformarse de ser una persona que **demanda** o aprovecha oportunidades, hacia un individuo que genera o **engendra** oportunidades para muchos otros.

Este proceso, que parece sencillo, es en realidad un proceso largo y frecuentemente problemático si no se conoce sobre el tema.

Por ello muy pocos se animan a seguir dando pasos y se quedan en esta etapa previa al gran salto.

Este es el mayor problema de los que están en esta etapa. No pueden percibir claramente que hay todo un camino que se les abre por delante, y que necesitarán mucho valor para encararlo.

Para dar el siguiente paso habrá que iniciarse como "**principiante**" de las nuevas etapas, y alguien que ha llegado hasta aquí difícilmente pueda "**abajarse**" de este lugar.

Por eso el proceso también será algo doloroso para aquel que quiera seguir adelante, sobre todo si no puede "**vaciarse**" y comenzar nuevamente.

Todo lo ganado hasta aquí puede llegar a ser el mayor **obstáculo** para seguir adelante.

Veamos juntos un ejemplo.

El Capofamiglia…

Conocí varios años atrás a un hombre, llamado Juan, que tenía un comercio en la calle principal de en una ciudad importante.

Él era el **eje** por donde giraba toda la dinámica económica familiar.
Y cuando digo "familiar" me refiero a sus hijos, también a yernos y nueras, también a hermanos, y además algún que otro primo.

Muchos integrantes de la familia vivían de ese negocio, pero Juan, que era el dueño de la empresa, había llegado hasta ese lugar en base a mucho esfuerzo personal y a su nivel de involucramiento respecto de los objetivos del negocio. Años de sudor y lágrimas para pasar de una situación de origen de familia muy humilde, a ser un empresario más acomodado.

Sin embargo, si bien su posición económica había variado respecto de cuando él era joven, sus hábitos laborales continuaban siendo los mismos.
Se levantaba al amanecer cada mañana, incluidos los fines de semana, para arribar al comercio de ventas, de prendas de vestir, antes que cualquier otro empleado.
Él era el encargado de abrir el negocio y también de cerrarlo.
Él era el encargado de la "caja".
Él era el encargado de las compras de mercadería y del pago a proveedores.
Él era el encargado de la selección del personal.
Él era el encargado de distribuir horarios de trabajo y los roles de cada uno en la empresa.
Él era el encargado de realizar los balances mensuales y anuales.
Él era el encargado de atender a los clientes más problemáticos.

Notarás que con todos estos roles difícilmente pueda Juan tener tiempo suficiente para intentar abrir otro negocio.
Por eso personas como Juan, generalmente no puedan ser dueñas de alguna cadena de comercios, porque con un solo negocio les basta para estar totalmente ocupados en lo suyo.

Es decir, que la palabra "**delegar**" no es habitual que esté dentro de su "diccionario".

Juan, en algún momento quiso crecer económicamente y se le ocurrieron dos alternativas:

a) Aumentar ingresos: vender más caro, buscar alternativas fiscales, solicitar créditos.

b) Recortar gastos: comprar más barato, recortar salarios, recortar personal.

La posibilidad de abrir más locales no se le pasó por la cabeza porque eso suponía que debería delegar algunas tareas en otras personas.

En su fuero íntimo, Juan pensaba que no había empleados capacitados o de confianza para delegar semejante tarea.

Las estrategias a y b, que aparentemente parecieran lógicas, tienen techos y pisos muy acotados. Pronto se daría cuenta que mucha variante no le daban las estrategias planteadas.

De hecho, cuando quería aumentar los ingresos buscando productos más baratos, eso significaba dedicarle más tiempo a las compras, y lamentablemente no disponía de mucho tiempo.

Si quería recortar gastos reduciendo la planta del personal, eso significaba asumir otros roles para cubrir al personal faltante, en consecuencia, asumir mayores cargas horarias.

Se agregaba a esta situación que su negocio giraba alrededor de él y su propio nombre.

Todo estaba inscripto bajo el nombre propio. Es decir, su negocio, su auto, su vivienda familiar. Todo estaba a su nombre.

Por ello cualquier dificultad que tuviera, él mismo se vería afectado por la situación. "Si está todo a mi nombre, ¿cómo voy a poner a otro con responsabilidades que pudieran afectar mi buen nombre y compromiso?", se decía a sí mismo con frecuencia.

Puedes notar que Juan estaba en una "**paradoja**". No había forma de segur creciendo.

Lo que él ignoraba era que si realmente quería dar un nuevo paso en su vida, necesitaba cambiar totalmente su forma de pensar, su sistema de creencias, su **paradigma**.

Es aquí donde muchos se estancan y no pueden seguir creciendo. Ese cambio de paradigma es difícil de digerir.

Por otro lado surge también una pregunta más que interesante:

¿Para qué más?

Aquel que llegó hasta estas cumbres puede tener los siguientes argumentos para **detenerse** y no continuar creciendo:

1) Para crecer más en lo económico o en lo laboral tendré que dedicarle más tiempo y esfuerzo, y realmente no quiero.

2) Para crecer más en lo espiritual tendré que transformarme en un monje tibetano y yo estoy bien como laico, como Párroco, o como Pastor de mi pequeña iglesia.

3) Querer más puede significar que soy malvadamente ambicioso, o que no me conformo con lo que tengo.

4) Crecer más significa comprar nuevos problemas para mi vida y ya tengo suficiente de eso.

5) Mejorar aún más mi cuerpo y mi vida saludable puede llegar a ser una señal de cierto hedonismo o de un innegable narcisismo. El hedonismo a ultranza es la búsqueda de placer como un fin último, y carente de moral. El narcisismo, por su lado, es el enamoramiento de sí mismo hasta niveles enfermos de egocentrismo y vanidad.

Fíjate que sólo introduje cinco pensamientos, pero la lista podría superar los millones de argumentos que cualquier persona bien dispuesta puede encontrar para no continuar creciendo más allá de esta etapa.

Ahora te toca a ti buscar otros argumentos que sean de tu propia cosecha. ¿Cuáles más se te ocurren?

Intenta escribirlos en tu cuaderno personal.

Estos pensamientos son saboteadores de todo crecimiento. Y lo peor de ellos es que tienen la forma de **razones aparentes** o verdades aparentes. Nada peor que una verdad aparente o semicompleta para reventar la verdad.

Cuando se estudia un poco la Biblia sorprende ver como el Diablo tentaba a Jesús en el desierto con versículos propios de la Biblia, pero sacados del contexto.

Así, hoy mismo hay enfrentamientos mortales entre políticos o entre países con esta misma estrategia. Se utilizan verdades aparentes para intentar reventar al otro.

El moño de Jimena...

El calor y el vapor del aceite de las papas fritas estaban empañando el vidrio de la ventana de aluminio de la cocina, opacando así la vista al pulmón de manzana de un típico tres ambientes de Palermo Hollywood (Barrio de Buenos Aires).

El ruido de los hijos mirando uno de los capítulos de alguna serie japonesa de dibujos animados había quedado relegado al segundo o tercer plano.
Los pensamientos de Jimena fugaban alrededor de los recuerdo de los días previos al casamiento con Esteban. De repente sus recuerdos le hicieron revivir lo que había pasado seis años atrás como si fuera hoy mismo...

La madre llegaba del interior para ayudarla a preparar todo lo relativo al casamiento.
La familia de Esteban pertenecía a una clase más acomodada y económicamente podían prever algunas cuestiones para el casamiento que tenían que ver con su nivel o inserción social.
Pero a la familia de Jimena, que si bien eran de clase media, se les hacía cuesta arriba afrontar los gastos de tamaña empresa.

El padre de Jimena estaba intentando conseguir de donde sea dinero para ayudar a su hija en el casamiento, e inconscientemente competía con su consuegro a ver quién pagaba más cosas.
La madre de Jimena intentaba buscar el mejor vestido para su hija, aunque, más no fuera, tuviera que empeñar las joyas de la abuela.

Pero los padres de Esteban también dejaban traslucir sus opiniones en materia del vestuario de Jimena, y cada veredicto que imponían era percibido por Jimena como una falta de aceptación hacia ella misma.
Ella se sentía poco aceptada por el círculo social de Esteban y cada esfuerzo que hacía para intentar agradar parecía que le jugaba en contra.
Con sus padres acordaron inconscientemente gastarse todo en el vestido, como una forma de arañar el nivel social de Esteban por una noche. Pero claro,

para Esteban y su grupo social no estaba el foco sólo en el precio sino también en la estética y es allí donde se marcaron diferencias irremediables

La elección de la prenda era simplemente otra diferencia entre culturas. Para Jimena el vestido era "hermoso", tal cual lo habría soñado cualquiera de sus compañeras de la secundaria parroquial de su pueblo natal.

Para Esteban, sin embargo, el vestido era demasiado "brilloso", y el moño central era tan grande que desencajaba con la arquitectura de su estética visual.

Pero por supuesto que el amor de tortolito minimizó la observación y él la observó más bella que nunca cuando entró acompañada por su suegro por la nave central de la Iglesia.

En la familia de Esteban se escucharon algunos comentarios inocentemente maliciosos sobre el moño de Jimena, pero en sí todos estaban muy felices con la boda...

Jimena sintió una gota de aceite hirviendo sobre su brazo que la despertó de sus recuerdos.

Las reminiscencias de esa escena la habían dejado con el ánimo bien dispuesto para esperar a Esteban que estaba a punto de llegar de su trabajo.

Apenas sintió el ruido del picaporte de la puerta de entrada al departamento, corrió al encuentro de su amado para abrazarlo.

Él, con la escasa cortesía que le quedaba a los seis años de casado, emitió un comentario en tono escaso de concomitancia afectiva: "¡¡¡que olor a papas fritas que tienes, mi amor!!!".

Jimena amaba muchísimo a Esteban, y ese amor había hecho que minimizara la primera parte de la frase y resaltó lo último de ella "...mi amor".

Esteban también amaba mucho a su esposa, y la hubiese elegido nuevamente si tuviera la oportunidad. De cualquier manera le hubiese gustado que lo recibiera con otro aroma al llegar del trabajo.

Eran sólo detalles, pero que tenían que ver con la seducción, y ésta diferencia de posturas había causado cierta mediocridad en la relación.

toioines2@yahoo.com.ar

Nadie podía decir que Jimena y Esteban estaban atravesando una crisis matrimonial. Sin embargo podían dar un nuevo salto en el vínculo si se ponían las pilas.

A Esteban le hubiese gustado que Jimena fuera un poco más seductora, pero ella pensaba que él la tenía que elegir tal cual era, y sin ninguna artificialidad.

Para Jimena la belleza estaba en su forma de ser, en su capacidad de amar a Esteban, en como criaba a sus hijos.

Para Esteban la belleza estaba también allí, pero un poco de belleza exterior siempre atrae al hombre, pensaba por dentro.

Jimena era bella e irradiaba un aura de inocencia difícil de describir. A sus 34 años, y con tres hijos, su figura estaba mejor que cuando era adolescente.

De cualquier manera su aspecto naive (inocente o sencilla), con una marcada ausencia de artificialidad en el vestir o en el peinado, la colocaban, a los ojos de Esteban, rayando la desprolijidad o el desinterés en términos de seducción.

Sin embargo seis años atrás ese aspecto pueblerino y poco producido era lo que lo había enamorado.

Algunos comentarios familiares sobre el vestuario de Jimena en el cumpleaños de la abuela de Esteban, habían dejado en él una percepción que se tradujo en una crítica hacia su esposa.

Ella no quería arreglarse porque no podía ver que este aspecto fuera importante para él.

Además Jimena acuñaba un **temor** interno muy íntimo: que él la eligiera por cuestiones puramente exteriores. En esa arena ella no podía competir con otras mujeres más jóvenes, o más bellas, o más producidas.

Él no lograba hacerle entender a ella que ahora con sus 38 años quería agregarle a la pareja algo de pasión, y la seducción era un condimento necesario para tal receta.

Tú te preguntarás el por qué te cuento la historia de Jimena y Esteban.

Ellos no estaban en una gran crisis, y eran testimonio de felicidad para otros matrimonios. Es decir, habían llegado a ser toda una institución familiar para sus amigos y conocidos.

Pero para seguir creciendo en el vínculo debían dar un nuevo salto. Y ese salto está muchas veces impedido por los buenos hábitos desarrollados hasta el momento. Aquello que les sirvió para llegar hasta aquí puede ser justamente lo que les impida continuar.

Para seguir creciendo desde aquí en más hay que ser creativo, audaz, un tanto temerario o imprudente, aventurero, y sobre todo flexible.

Pero las personas que llegaron hasta esta etapa son seguramente estables, muy prudentes, han generado hábitos duraderos, y todas estas actitudes y conductas son sumamente reforzadas por el entorno social que los toman como referentes.

Jimena, en un rapto de locura mágica y agraciada, le pidió a una amiga, que era testimonio en materia de vestuario y seducción, que la ayudara por unos días. Sabía que algo nuevo tenía que aprender para alcanzar un nuevo escalón en su vida matrimonial.

El punto es que pasó de ser una experimentada esposa en materia de cocina, de crianza de sus hijos, y de profesional, ya que era docente catequista en un colegio próximo a su domicilio; hacia ser una aprendiz principiante en materia de seducción y sexualidad.

¡¡¡Pocos tienen el coraje de producir tamaño viraje en sus vidas!!!

Lo mismo sucedería con alguien que formó su propio negocio a través de la perseverancia, paciencia, fortaleza, estabilidad, y con años de dedicación comprometida.

Para dar un nuevo salto tendrá que aprender habilidades que lo colocarían nuevamente en el lugar de principiante o aprendiz.

Para alguien que llegó a estas alturas es bien, pero bien difícil abajarse para ejercitarse en nuevas destrezas.

Igualmente sucedería con una persona que es testimonio de vida saludable. Algún deportista famoso, un dueño de un gimnasio, o algún otro referente en materia de calidad de vida.

O alguien que ha dado grandes pasos en la vida espiritual. Tal vez un párroco o un pastor, un coordinador de la catequesis, un director de algún movimiento religioso.

De Cura a Monaguillo...

¿Está el Padre Agustín? Preguntó Hermenegilda con llamativa insistencia.

Había llegado a la parroquia a las tres de la tarde de un día pleno de invierno con una lluvia torrencial de escolta.

El frío azotaba el campanario de la Iglesia haciendo que el metal de la campana pareciera una cámara de frío de una pescadería.

Hermenegilda se había tomado un taxi para buscar la ayuda del Cura Párroco dado que en Cáritas, donde ella se insertaba apostólicamente, se había suscitado un problema que no sabía como resolverlo.

Cáritas se dedica a la ayuda solidaria de las personas más necesitadas. Junta víveres o vestimentas para ayudar a los grupos familiares más necesitados de la zona.

Hermenegilda estaba angustiada porque parte de la mercadería había sido robada la noche anterior.

Tocaba una y otra vez el timbre de la casa parroquial, en donde vivía el Padre Agustín.

La casa del sacerdote tenía un aire de casa de familia. Estaba arreglada con mucha calidez gracias a todas las mujeres, entradas en años, del grupo del Apostolado de la Oración. Ellas mimaban al sacerdote con comidas diarias bien caseras, regalos, golosinas, y hasta atendían con gusto al cachorro de ovejero alemán que tenía de mascota.

La Parroquia se ubicaba en un pueblo de la provincia de Buenos Aires.en Argentina.

La vida pueblerina había impregnado los altares a tal manera que Hermenegilda no sabía si estaba molestando tal vez la típica siesta de la zona que ya se había encarnado en el P. Agustín.

De repente, de un gran pórtico lindero a la casa parroquial, salió un hombre vestido totalmente de blanco de la cabeza a los pies, impregnado hasta la barba con pintura color ocre.

Hermenegilda, en su desesperación, atinó a preguntarle inmediatamente casi sin mirarlo a la cara: ""Señor, ¿ha visto a mi Párroco?".

toioines2@yahoo.com.ar

Hermenegilda!!! –contestó el Padre Agustín con dulzura en su acento.

Un observador atento de la escena hubiera dicho que Hermenegilda caería de rodillas diciendo "Rabboní", al igual que María Magdalena lo hizo a los pies de Jesús al reconocerlo a las afueras del sepulcro en la mañana de la resurrección.

Pero ni Hermenegilda encajaba con el perfil de María Magdalena, ni el Padre Agustín con el de Jesús.

Hermenegilda era una mujer santaza entrada en años, y percutida por el trabajo severo que le había llevado la vida atendiendo las cocinas escolares. Mujer robusta y decidida había gastado el resto de sus años en la atención de los más pobres realizando tareas similares a las que realizaba durante su época laboral. El tiempo entre las hoyas había engrosado sus caderas, y ahora caminaba con dificultad porque sus zapatos habían quedado anquilosados en el tiempo en el cual tenía una silueta más llevadera.

El Padre Agustín era un sacerdote con diez años de ordenación, y conservaba fresca su vocación.

Bien dispuesto al trabajo encomendado por el Obispo, y a la vida comunitaria, había también engordado su cintura hasta el punto que el cinturón forzaba el último agujero posible antes de quedar para correa del perro.

También era un sacerdote santo. Intentaba a toda costa levantar la imagen alicaída que había dejado su antecesor cuando por el pueblo se corría la noticia que miraba más que con afecto fraterno a la secretaria parroquial.

El Padre Agustín había llegado a Párroco rápidamente al segundo año de haber sido ordenado Sacerdote. La realidad diocesana estaba marcaba por la escases de sacerdotes, por lo cual, experiencia o no, todos llegaban rápidamente a párroco.

Esto en realidad le jugaba un poco en contra de su vocación porque lo había colocado en un lugar de liderazgo al cual sus sotanas todavía no habían alcanzado.

Pero al ser un hombre virtuoso se las había ingeniado para que su inexperiencia quedara inadvertida por la feligresía del pueblo.

Mimetizaba su novatada ignorancia en el manejo de la autoridad con su majestuosa formación teológica que había adquirido en el seminario.

Sus sermones estaban atravesados por cuestiones teológicas que escapaban a la mayoría de la segunda fila para atrás del templo. Pero de cualquier manera todos suponían que detrás de tanta sabiduría intelectiva se escondía alguien que sabía cómo manejar una parroquia.
Igualmente, nadie se atrevería a señalar que el rey estaba algo desnudo.

Su trabajo en el pueblo era aplaudido por todos. Nunca habían tenido un sacerdote tan trabajador.
Hacía cuanta cosa pudiera para solucionar todos los problemas de la parroquia.

Atendía el colegio parroquial hasta el detalle de estar detrás de cada balance económico, detrás de los problemas gremiales con los maestros, detrás de los reclamos de los alumnos que habían comenzado a politizarse en un país recontrapolitizado.

Atendía a los grupos de catequesis uno por uno, intentando hasta responder ante los baches formativos de alguno de sus catequistas que hacían agua a la hora de marcar las diferencias que había por ejemplo entre el hinduismo y el cristianismo.

Atendía a cada movimiento religioso con sus reclamos y demandas de atención y acompañamiento de cada espiritualidad habida y por haber.

Atendía también al grupo de jóvenes que lo tironeaban para permanecer con ellos en cuanto campamento hubiera.

Atendía también los asilos de ancianos, las misas y bautismos de las cuatro capillas que pertenecían a la parroquia.

Atendía a su familia cuando le requerían que pasara un poco más de tiempo con su madre entrada en años, y de quien él era su preferido.

En cada acto político del pueblo, en donde la Iglesia tenía algún protagonismo, allí estaba el Padre Agustín ajustando cada detalle ceremonial.

Como también le gustaba la música, allí estaba el Padre Agustín proponiendo cada canción, las letras y hasta las melodías en cuanta celebración o espacio hubiera para los ministerios de música parroquiales.

Y allí estaba también el cura pintando una de las paredes laterales del templo que había quedado plagada de manchas de humedad luego de la última temporada de lluvias.

Hermenegilda contó al Padre Agustín lo sucedido.
Él, siempre atento y solícito se remangó raudamente y salió a solucionar la desventura que había acontecido en la vivienda que utilizaba Cáritas para su apostolado, olvidando tras de sí el rodillo impregnado en pintura ocre que intentaba ocultar la pared con filtraciones.

Si conoces la vida de Iglesia, notarás que relatos como éste coinciden con numerosos pueblos y ciudades del interior de los países.
Nadie podría decir que el Padre Agustín estaba haciendo algo mal.

Pero tampoco nadie podría sospechar, ni tampoco él mismo, que para seguir dando pasos en su vida espiritual y vincular, necesitaba meterse para adentro y dejar un poco de solucionar cuestiones exteriores que lo demandaban a diario.

Es como el pasaje de Marta y María en el Evangelio de Lucas, en donde Marta se quejaba a Jesús porque su hermana no la ayudaba en las tareas de la casa, y mientras tanto María se encontraba a los pies de Jesús escuchando y contemplando cada palabra que salía de la boca de su maestro.
Jesús le dice a Marta, con mucho cariño, que ella se preocupaba por muchas cosas, pero que **sólo una era la más importante**, y María había escogido la mejor.

Hoy mismo, muchos de los referentes sociales que han llegado hasta una etapa, como la que aquí describimos, sufren de este síndrome de Marta. La hiperactividad hace opacar lo que verdaderamente es importante para la persona.

Hay actividades que son muy buenas en sí, pero que nos son nuestra vocación en las cuales podremos ser reemplazados fácilmente por otros. En cambio nuestra vocación es única, está hecha a nuestra medida, y es allí donde nadie nos puede reemplazar, porque somos únicos e irrepetibles. No asumir la vocación a pleno y dedicarnos a ella focalizados disciplinadamente como un rayo láser, podría llegar a ser una negligencia de nuestra parte.

Las actividades que realizaba el Padre Agustín eran buenas y hasta aparentemente necesarias para su Parroquia y para su pueblo, pero no todas ellas eran parte de su vocación. En muchas de ellas podría haber sido reemplazado tranquilamente por otros. Pero hay actividades en donde él era irremplazable, y es allí donde debería estar con todas las antenas paradas.

Los que llegan hasta aquí, si quieren continuar dando pasos, deberán abajarse y colocarse en el lugar de aprendices. Deberán abajarse y colocarse en el lugar de María por unos momentos para dirigir sus actos de la manera más fructífera posibles, y esa manera es seguir disciplinadamente la vocación.

Tal vez tú mismo te encuentras en esta situación en alguna de las cuatro áreas de la vida.
Si eres lo suficientemente **humilde**, y el entusiasmo te arremete y realmente te empuja para que des nuevos pasos, entonces te invito a seguir con la lectura.

Capítulo 6

Canaletas...

Aquí comenzaremos a ahondar la segunda gran etapa de crecimiento. Aquella que requiere de un conocimiento más específico y del desarrollo de habilidades más sofisticadas de docilidad para seguir creciendo.

La canaletas, como veías en la ilustración de páginas anteriores, requiere también de un esfuerzo, pero de una energía ayudada por el conocimiento arquitectónico que facilite que luego el agua corra sin tener que estar sacando agua del pozo continuamente.

El problema es que hasta que no está terminada la canaleta, **no corre ni una sola gota de agua**. Y esta construcción puede tardar un tiempo.

Por ello muchos que se introducen en esta etapa sienten la **tentación** de volver para atrás porque, al menos, en la etapa anterior se podía sacar algo de agua con mucho esfuerzo y perseverancia.

En cambio aquí se realiza un esfuerzo enorme y el agua por el momento no aparece.

¿Quién se anima a hacer esfuerzos sin ver los frutos inmediatamente?

Por eso esta etapa es un gran salto en la fe, porque supone realizar esfuerzos sobrehumanos por objetivos que todavía no podemos ver claramente.

En el área de la Espiritualidad aquí comienza la vida de oración contemplativa. Es decir un estilo de oración en donde el alma se abandona a la gracia y secunda la contemplación.

Para el que es hiperactivo, este posicionamiento respecto de la espiritualidad le puede parecer una pérdida de tiempo.

En el área Afectivo Vincular se comienza a generar estilos de vida comunicacionales y afectivos que trascienden a la misma persona y a su grupo más íntimo.

Para aquel que ha obtenido ciertos logros para sí mimos o para su grupo más cercano, este posicionamiento le parece un poco irracional o desmedido. ¿Para qué más? Dice para sus adentros.

En el área Económica Laboral, se comienzan a construir los activos que permitan la libertad financiera suficiente para poder dedicarse de lleno a la vocación.

Para aquel que está más o menos acomodado económicamente y laboralmente, esto le parece un poco locura o demasiado riesgoso.

En el área de la Vida Saludable y el Disfrute, aquí comienza una etapa de construcción de un estilo de vida que lo trascienda y que empape a otros. Hábitos que superen su propio cuerpo más allá de haber o no alcanzado su peso justo.

Es decir hábitos saludables y de disfrute que se irradien a los cuatro vientos.

Para aquel que ha logrado alcanzar algún logro en un deporte o con su propio cuerpo, se preguntará ¿qué más puede haber?

Es una etapa que se divide también en **cuatro** sub etapas.

¡Colócate el cinturón de seguridad que vamos a despegar!!!

Veamos juntos la primera de estas cuatro etapas.

Quinta Etapa: Recogimiento infuso o inicio de la segunda gran etapa de las Canaletas.

El corralito de Augusto…

Allí estaba con los auriculares colocados, hipnotizado por la noticia que escuchaba en la radio del nuevo celular…

Augusto era considerado un "**yupi**" dentro de su ambiente laboral. Era un joven elegante y diligente, al tiempo de estar fuertemente formado en la materia de las finanzas personales.

Con sus 32 años, ya acuñaba un título universitario y varios posgrados que lucía orgullosamente en la pared posterior de su impecable oficina del microcentro porteño.

A decir verdad la oficina no encajaba con el edificio en mal estado en la cual se ubicaba.

Se accedía a la oficina atravesando un pasillo oscuro y húmedo, y se observaban cables pendiendo de un cielorraso que estaba tapizado de manchas oscuras.

Su vertiginosa carrera entre los "**grandes**" de la Bolsa de Comercio le había alcanzado hasta el momento para decorar su oficina de manera impactante, pero todavía no lograba mudarse de edificio.

Detrás de su escritorio se visualizaban libros de economía mundial y finanzas personales, pero con un ojo más atento se podía observar que ningún dedo todavía se había atrevido a abrirlos para leerlos. Se notaba que eran parte de la decoración tendiente a impactar al cliente.

Allí estaba Augusto en su auto último modelo cruzando por la Avenida del Libertador en dirección al norte, hacia un PH (propiedad horizontal) de tres ambientes que compartía con su joven mujer y sus tres niños, en la zona de Saavedra en Buenos Aires.

La propiedad ya le quedaba muy chica en comparación con el tamaño familiar, pero lo cierto es que Augusto había invertido el tiempo y el dinero de los último cuatro años en la oficina y en el auto, y quedaba poco de su ingreso inestable para volcar a las arcas familiares.

La escasez de inversión en su propia vivienda era llamativa. Los muebles imploraban a gritos ser retapizados o rebarnizados.

A su vez, la relación con su esposa también necesitaba ser "retapizada". El vínculo entre ambos se había **deteriorado** en los últimos años, dado el tiempo que Augusto invertía en la oficina.

También, al salir de la oficina, Augusto guardaba el hábito de jugar al fútbol dos veces por semana con su grupo de amigos de la facultad, y regresaba a su casa pasadas las 23:30 hs. Y estos regresos nocturnos también eran ocasión de sospechas.

Para colmo de males, la mejor amiga de Constanza (su esposa), le había sugerido a ella, en la última conversación telefónica que tuvieron al finalizar la telenovela de la tarde, que tal vez él la estuviera **engañando** con otra. Eso había disparado la **imaginación** de Constanza y la discusión se había salido de los carriles propios de los 10 años de casados que llevaban juntos.

Pero lo que estaba **escuchando** mientras manejaba hacia su casa, por los auriculares de la **radio** del celular, dado que le habían robado el stereo del auto un mes atrás, lo **impactó** mucho más que las malas noticias que se le habían acumulado a lo largo de las últimas semanas en la relación con su esposa.

El Ministro de Economía declaraba que los depósitos bancarios no iban a ser devueltos hasta nuevo aviso por problemas de iliquidez bancaria.

A tal acción gubernamental se le llamó "**Corralito**" en la Argentina. El dinero había quedado acorralado detrás de quien sabe qué alambrado.

La gente se presentaba en la puerta de los bancos para intentar retirar sus depósitos en pesos o en dólares y las puertas estaban **cerradas**.

Pero más acorralada estaba la esperanza de Augusto cuando finalizaba de escuchar que el fruto de todos sus esfuerzos de los últimos años se diluían en cuestión de minutos.

En las siguientes cuadras el vehículo continuó en piloto automático.

Augusto ingresó a su casa con cara de velorio, y Constanza, tan poco perceptiva, y haciendo gala de la ceguera que mantuvo en los últimos años mirando telenovelas mejicanas por el cable mientas su matrimonio se derrumbaba como una casa de naipes, le propició todo tipo de reproches habituales por la llegada tarde que había ocasionado que recalentara la comida varias veces en el microonda que habían heredado de los padres de Augusto.

Pero Augusto, impávido ante los improperios, se desplomó sobre el sofá cama del living, gestando así una metáfora de como se encontraban sus esperanzas en aquel momento.

Pensó en un instante que todos los títulos que colgaban de su oficina no le habían servido para nada a la hora de prever algo así.
Asqueado de tanta capacidad intelectiva hecha añicos, el celular comenzó a sonar...

Sabía que sus clientes ya estaban llamándolo para **comérselo crudo,** porque él dinero de ellos también había quedado encerrado entre los muros de alguna entidad financiera internacional que había contado con el agrado de Augusto por la "seguridad" y "garantía" de sus depósitos.
Él se había codeado con algún gerente de esas entidades, creyendo que alguna cena lo acercaría al mundo grande de las finanzas.

Hoy sólo pensaba que todo lo aprendido no le servía en lo más mínimo...

¿Te has encontrado así en alguna de las áreas de tu vida?

Afligido y angustiado al extremo, sucedió algo llamativo...

toioines2@yahoo.com.ar

En un instante de **recogimiento** que él no había intentado causar, la **pesadilla** de Augusto, por arte de magia, se transformó en su **mejor sueño** porque notó que entre tanto caos, había un puñado de personas que lo habían previsto y habían actuado en consecuencia.

Esa **inspiración,** de apenas un segundo, le cambiaría la vida económica para siempre.

Allí notó que lo que había estudiado servía para llegar hasta donde estaba, pero que había un grupo de personas que tenían una forma de ver y actuar en diferentes situaciones muy distinta a la que él estaba acostumbrado. Comenzó a buscar a aquellos referentes en materia de finanzas y entró a un nuevo mundo en donde sus títulos poco servían.

Pasó de ser un adulto joven muy bien formado, a ser un pequeño **aprendiz** de los **grandes**.
Esto es lo bien típico de la etapa.

Presta atención porque aquí se pasa de una aparente madurez y adultez de las primeras etapas a ser un aprendiz y niño de las siguientes.

Percibió en algún momento que para dar nuevos pasos necesitaba otra manera de posicionarse respecto del dinero, de los negocios, de las relaciones humanas, y de la relación consigo mismo.
Al mismo tiempo pudo observar que la inversión en su oficina y en su auto había sido sólo un **espejismo** para aparentar, y que muchos de los "grandes" invertían muy poca cosa en las apariencias, pero sí invertían mucho en verdaderos **activos**.

En esta etapa de construcción de **"canaletas"** o "acequias", es mucho más importante quiénes son los referentes, e imitar su forma de proceder, que tener **conceptos intelectuales** arraigados, interesantes pero que no producen frutos.

Aquí el sujeto comienza a intuir que si quiere dar un nuevo paso el camino a recorrer será indiscutiblemente diferente al transitado hasta ese momento.

En su interior se comienza a **gestar** un atisbo de certeza de que, para crecer, se necesitan abandonar las creencias antiguas y se necesitan asumir dogmas nuevos, dinámicos y flexibles.

En la etapa anterior se intentaba crecer a través de las mismas formulas que lo habían llevado a tener éxito hasta ese momento: mucho esfuerzo personal, asumir todos los roles, y estar detrás de todos los focos del negocio. ¿Te acuerdas de los ejemplos de las personas de las etapas anteriores?

Quien se encuentra en esta etapa, comienza a sospechar que las estrategias a futuro deberán ser diferentes.

Lamentablemente sabe que tiene que cambiar, pero desconoce qué es lo que tiene que modificar.

El individuo comienza a generar una actitud de **desconcierto** porque supone que lo aprendido hasta el momento no le sirve para continuar.

Ese desconcierto en algunas personas se transcribe como **ansiedad** o malestar por momentos, y por **entusiasmo** hacia algo nuevo en otros períodos.

Esta es una etapa rara y confusa, porque supone ciertas **luces** intelectivas sobre algo que ya no funciona más. Pero también supone el inicio de grandes **oscuridades** sobre qué hacer al respecto.

Hay más preguntas que respuestas. Hay **certezas** sobre lo que **no funciona**, pero **incertidumbres** sobre **qué** hacer para construir algo nuevo.

¿Como hacer para ser Marta y María al mismo tiempo?

En la vida espiritual fue bien concreta la difícil elección en la historia de las espiritualidades.

Porque los que siguen a Marta critican a los que siguen a María, y los que siguen a María muchas veces no saben hacerse entender bien, ni invitar a los otros a conocer qué es lo que los seduce.

Los que siguen a Marta son aquellos que fundan instituciones de ayuda humanitaria de todo tipo, pero que encuentran poco tiempo para frenarse y meditar u orar porque ese tiempo les parece que no es útil.

Los que siguen a María son aquellos que dedican sus mejores horas a la contemplación y oración para luego pasar a la acción después de ese duchazo de sabiduría que es la contemplación.

Son por ejemplo los monjes, las religiosas contemplativas, los laicos que mantienen costumbres de fuerte oración cotidiana.

¿Vacaciones o la casa…?

Una tarde de verano, mientras intentaba ordenar los papeles desparramados por el escritorio, mi vista se posó en una lista que acababa de imprimir sobre los balances económicos personales.

Allí notaba que años de esfuerzo habían sido generosos con las lista de la columna de ingresos.

¡También había muchos años reflejados en la columna de gastos!

Pero en la diferencia entre ambas columnas, notaba que para que creciera el ingreso generalmente intentaba resentir la otra columna. Es decir, frecuentemente tenía que renunciar a algunos gastos que también eran importantes.

Un ejemplo claro:

Si quería agrandar la **casa**, entonces debía renunciar a las **vacaciones**.

Si quería cambiar el **auto**, entonces debería dejar de lado alguna **cena** con mi esposa en un lugar atractivo, o disminuir alguna salida, o… ¡achicar la bolsa de Papá Noel en la Navidad!

¿Te ha pasado algo así alguna vez?

Sabía que no quería renunciar una y otra vez a cosas que me parecían importantes para crecer en otro aspecto, pero las estrategias que se me planteaban siempre eran las mismas.

Renunciar a lo que **no** es **importante** es parte del proceso de discernimiento.
Decidir significa dejar de lado otras posibilidades.
Pero **no es saludable** renunciar a cuestiones que tiene que ver con **nuestra plenitud**.

Esta vez sabía que no debía buscar nuevamente las mismas alternativas de renunciar a lo importante.
¡Quería por ejemplo agrandar la casa, sin renunciar a las vacaciones!

Sabía también que solicitar un crédito no mejoraba la situación sino que la dilataba en el tiempo o la empeoraba: "pan para hoy y hambre para mañana".

Ya había experimentado las deudas de tarjetas de crédito o cuentas corrientes bancarias en carne propia, y ¡la experiencia había sido nefasta!.

Antes había intentado comprar un auto más moderno e irme de vacaciones al mismo tiempo, y las tarjetas de crédito habían sido las protagonistas privilegiadas de tal deseo. Ellas fueron las únicas que ganaron mucho en el intento.

Yo sólo había ganado un placer fugaz que se había opacado cuando no alcanzaba a sostener el pago mínimo de las cuentas mensuales en el instante siguiente.

Sabía que recurrir a este tipo de soluciones era seguramente hipotecar el futuro.

Una vez domados mis deseos, recurría, una y otra vez, a dos soluciones:

1. Endeudarme para lograrlo,
2. Renunciar a los deseos de mejorar.

¡¡¡No!!!, ¡ahora tenía que ser diferente!, pero ¿cómo?.

Nada de lo aprendido parecía ser útil para dar el siguiente paso.
Las estrategias utilizadas hasta el momento parecían inútiles.
Todo lo que intentaba **"hacer"** parecía empeorar la situación.

Si renunciaba a los anhelos de crecer, me sentía muy mal.
Si accedía a los deseos, endeudándome o trabajando más horas, me sentía peor.
Aquí la palabra "endeudamiento" también significa trabajar más horas, lo que supone "deber" horas a la familia, a los amigos, al deporte, al descanso oportuno.

Por eso, ¿qué hice?, me quedé **"quieto"**…

Sexta etapa: Quietud

Cuando alguien intenta, como lo hacen las **moscas**, buscar salir por la misma ventana cerrada una y otra vez, llega un momento en que esa persona se satura, se frustra y se estresa.

Lamentablemente muchas veces actuamos así y luego, al no obtener resultados, intentamos realizar las mismas estrategias que no nos dieron frutos al principio.

Por eso en esta etapa el mayor **obstáculo** es intentar "**hacer**" más de lo mismo.

Subrayo la palabra "hacer" en este período.

Es que justamente nuestro "hacer" está viciado por los **sistemas de creencias** que nos llevaron hasta donde llegamos.

Es decir que si alguien pretende seguir creciendo deberá primero mudar su sistema de creencias y, en consecuencia, también mudará su "hacer".

Éste es un período sumamente importante porque en él se comenzará a abandonar parte del bagaje de opiniones y dogmas que se venían sosteniendo hasta el momento.

Lamentablemente la persona **no tiene** en este período **certezas** sobre las incógnitas que se le presentan, pero sí sabe que lo anterior no le sirve más.

Es decir, comienza una etapa de dejar de lado lo aprendido pero sin saber a qué hacerle caso en el futuro.

Acucia el "**vértigo**" de no saber qué hacer, y por ello hay una invitación un tanto velada a la "quietud".

Por vértigo se entiende a un proceso interior de incertidumbres crecientes y de no saber para qué lado caminar ni qué estrategia emprender para seguir creciendo.

Esta "quietud", por momentos se torna intolerable, porque recordemos que hasta esta etapa la persona estaba acostumbrada a crecer por esfuerzos personales y en base a tenacidad y laboriosidad.

Pero aquí ¡todas aquellas virtudes aparentan no dar resultados!

Es que por más que se le añada esfuerzo tras esfuerzo, no se logra avanzar en la medida de la energía involucrada. Se comienza a **intuir** que se necesitan más cambios interiores que exteriores para crecer hacia el siguiente nivel.

En las etapas preliminares, cuando las estrategias no daban resultados, se buscaban explicaciones exteriores ante el fracaso. Es decir que si no se crecía se buscaban **excusas** como:

o La situación social regional o mundial,
o Los defectos de la pareja, los socios, jefes, o empleados,
o La pérdida de oportunidades por la falta de capital suficiente para invertir.
o La enfermedad crónica.
o La falta de dinero para tener una dieta saludable.
o La ausencia de Dios.
o La falta de apoyo familiar.

En esta etapa se intuye que aquellos fueron **pretextos lógicos**, pero que ahora no alcanzan para explicar cómo se puede seguir avanzando.

Se necesitan nuevas luces sobre la propia interioridad si se pretende seguir creciendo.

Y esas nuevas **luces** pueden llegar a ser un poco **dolorosas** en un principio porque generalmente atentan en parte sobre el **ego** de la persona.

Es decir que comienza a darse cuenta que tiene fuertes **limitaciones** para delegar porque su ego se le impide y por ello no puede dedicarse a varias oportunidades a la vez.

Tiene fuertes limitaciones para formar parte de **equipos** porque no sabe comunicarse eficazmente.

Tiene fuertes limitaciones para aprender nuevas estrategias porque le cuesta darse cuenta que es un **"principiante"** para las nuevas etapas.

Supone que es alguien con **"experiencia"** y esa suposición le impide vaciar su vaso para aprender lo nuevo.

Por todo ello y más también, la persona presenta fuertes resistencias para aquietarse, y siente la tentación de volver a intentar estrategias anteriores que se basaban en el esfuerzo voluntarioso pero no en el **autoconocimiento**.

En esta etapa, la persona intuye que necesita **conocerse íntimamente** si quiere realmente avanzar, porque sospecha que por allí está **la clave** del progreso. Y también en conocer íntimamente a sus **referentes**.

Ahora bien, ¡muy pocos se animan a lanzarse a semejante aventura! ¡La quietud que se necesita para arrojarse sobre la interioridad es por momentos inaguantable!

Da la sensación de "no hacer nada". Se confunde con "**quietismo**". Y por ello la persona por momentos quiere volver a la **laboriosidad** anterior, siendo que ésta estrategia puede llegar a ser la **peor tentación** de la etapa.

Antes, actuar a pedal le servía; ahora es su peor obstáculo.

Entonces, ¿qué debe hacer la persona?

1. Aquietarse y meterse para adentro para comenzar a conocerse realmente y notar cuáles son sus mejores virtudes y cuáles son sus peores defectos. Sin ese conocimiento no se puede avanzar.
2. Conocer íntimamente a sus referentes para luego comenzar a realizar acciones similares.

Para transitar de ser una persona que con mucho esfuerzo logra resultados pequeños o grandes, a ser una persona que engendra oportunidades para otros sin grandes esfuerzos, es necesario sumergirse en un proceso que requiere de grandes cambios **interiores** y no tanto de cambios **exteriores**.

Cuando se comienza a "**aceptar**" esta nueva premisa, la "quietud" se torna más sabrosa. Es decir que el individuo se somete al proceso interior que lo llevará a saltar el guardaganado de esta etapa.

¡Aquietar al **laborioso** es casi tan difícil como estimular al **perezoso**!

Recordemos que en las primeras cuatro etapas la laboriosidad era una característica fundamental para lograr resultados.

Intentar cambiar a la madre, a la esposa, al esposo, al amigo, al jefe, al cura, al pastor, es siempre una gran tentación. Pero la verdad es que hay que comenzar por cambiar uno mismo si se quiere cambiar el vínculo.

Hay personas que tienen el don de llevarse muy bien con los demás, y también irradian felicidad en sus relaciones vinculares.
Habrá que aprender sobre qué y cómo piensan estas personas. Cuál es su sistema de creencias, qué afectos acuñan en su interior.

Aquí quiero hacer un paréntesis, porque no es importante saber mucho sólo sobre su sistema de creencias sino más importante todavía es ¡¡¡saber cómo "**sienten**"!!! Habrá que "**sentir**" como ellos si se quiere dar nuevos pasos.

Para algunos, esto parece una tarea de titanes, pero la verdad es que si no se produce en nuestro interior un **sentimiento similar** al de nuestros **referentes**, difícilmente consigamos los mismos resultados.

Muchas personas perciben que sus afectos, sentimientos y emociones son totalmente **anárquicos**. Es decir que no responden a uno mismo sino que son muy difíciles de domar.

Es frecuente notar que la ira, la depresión, la bronca, la tristeza, la ansiedad, la incertidumbre, son todas emociones que cuestan modificar cuando se instalan en nuestro interior.
Y mucho más todavía cuando se instalan en forma de hábitos mentales o emocionales. Son como **vicios adictivos** que se meten en nuestro interior y luego parecieran imposibles de erradicar.

Pero hoy querido compañero de viaje, te voy a proponer un camino que ¡¡¡te va a **cambiar la vida** para **siempre**!!!

Si llegaste hasta aquí en el libro... ¡¡¡te felicito por tu perseverancia!!!

Pero ahora lo que te voy a compartir es tan importante que me alegro doblemente por ti, porque son pocos lo que llegarán a leer estas líneas. Si tú lo has logrado, si has alcanzado leer mas de la mitad del libro, eso significa que tienes todo lo necesario para triunfar en cada área de tu vida.

¡¡¡Algo nuevo va a suceder en tu vida a partir de lo siguiente que leas!!!!

toioines2@yahoo.com.ar

La clave de las claves...

Infinidad de veces intentamos cambiar a través de pequeños o grandes cambios de **conductas**.

Por ejemplo intentamos bajar de peso con dietas estrictas durante algún tiempo, pero luego volvemos a las conductas habituales.

Es difícil instalar hábitos saludables y, muchas veces, se piensa que con instalarlos por un tiempo es suficiente para bajar de peso.

Pero para bajar de peso hay que tener todo un nuevo **estilo de vida**, y eso requiere bastante más que sólo el cambio de algún hábito alimenticio.

El estilo de vida que llevas "actualmente" te coloca en el **peso** que mantienes "actualmente".

El estilo de vida que llevas "actualmente" te coloca en los **vínculos** que mantienes "actualmente".

El estilo de vida que llevas "actualmente" te coloca en el **trabajo** que mantienes "actualmente".

El estilo de vida que llevas "actualmente" te coloca en la **economía personal** que mantienes "actualmente".

El estilo de vida que llevas "actualmente" te coloca en la **espiritualidad** que mantienes "actualmente".

El estilo de vida que llevas "actualmente" te coloca en la **alegría o tristeza** que mantienes "actualmente".

El estilo de vida que llevas "actualmente" te coloca en la **paz o ansiedad** que mantienes "actualmente".

El estilo de vida que llevas "actualmente" te coloca en la **plenitud o depresión** que mantienes "actualmente".

El estilo de vida que llevas "actualmente" te coloca en la **soledad o** en la **compañía** que mantienes "actualmente".

El estilo de vida que llevas "actualmente" te coloca en el tiempo de **vacaciones** que mantienes "actualmente".

El estilo de vida que llevas "actualmente" te coloca en la relación con **Dios** que mantienes "actualmente".

Por ello para cambiar cualquiera de estas áreas habrá primero que cambiar todo un estilo de vida.

Para llegar a bajar diez kilos, por ejemplo, tendrás que tener un estilo de vida acorde a ese peso.
Y la mejor manera de cambiar estilos de vida no es a través de simples cambios de **conducta** sino a través del cambio de todo tu interior.
Y la **puerta** para acceder a ese interior son los **sentimientos**.

Por ello trabajaremos ahora **cómo** cambiar **sentimientos**.

Para la mayoría de las personas los sentimientos o afectos parecieran ser **anárquicos, confusos o desordenados**. No responden a nuestra voluntad sino que se presentan de acuerdo a su antojo a través de disparadores externos como, por ejemplo, situaciones determinadas: mudanzas, discusiones, encuentros, nacimientos, etc.

Si me sucede algo agradable, entonces surgen sentimientos agradables.
Si me sucede algo feo, entonces surgen sentimientos feos.
Y así, poco a poco, somos cada vez más **esclavos** de los acontecimientos externos.

La verdadera libertad...

Para ser libres realmente, necesitamos vivir plenamente más allá de las circunstancias externas positivas o negativas.

¡¡¡Esta sí que es la verdadera libertad!!!

Presta atención a esto que sigue, que es sumamente importante y es necesario que la idea quede bien aclarada...

Paso 1:

La manera de comenzar a manejar nuestros sentimientos es, primero, **determinar de manera firme** y segura, **qué tipo de sentimiento** queremos tener y **qué circunstancias** nos harían sentir de esa manera.

Si por ejemplo quiero sentir "amor" en mi vida, es decir un sentimiento de amar y ser amado, tengo que buscar circunstancias del pasado, del presente, o imaginarias del futuro, en las cuales me haya sentido así o me sentiría así en caso de que sucedieran.

¿Hasta aquí me sigues?

Te daré otro ejemplo de este primer paso para que quede bien claro antes de pasar al segundo paso:

Para sentirte libre económica y financieramente, busca circunstancias del pasado, presente o del futuro imaginario que te hagan sentir así.

¿Cómo será esta circunstancia imaginaria?
¿Cuánto debería ser tu ingreso semanal, mensual, o anual, para sentirte así?

Otro ejemplo:

Para sentirte saludable, y en el peso corporal adecuado, ¿qué circunstancias del pasado, presente próximo, o futuro imaginado te harían sentir así? ¿Cuál sería ese peso que deseas? ¿Cómo te haría sentir lograrlo?

Paso 2:

Una vez que hayas encontrado esa circunstancia real o imaginaria, quiero que la **revivas** en tu mente lo más vívidamente posible.

Que sea una **contemplación actuada** sobre esa situación en donde tú eres el **protagonista** de esa escena que visualizas.

Por ejemplo, imagínate que has conseguido tener el vínculo que deseas con la persona amada.

Ahora vive la escena lo más **nítidamente** posible aunque esa escena sea imaginaria.

Esta visualización debería sacar de ti, los mejores sentimientos.

Si la escena no te produce buenos sentimientos entonces has escogido de manera equivocada el acontecimiento.

Muchas veces al visualizar la escena notamos que no era lo que más anhelaba nuestro corazón.

Te daré un ejemplo, y fíjate que le dedico bastante tiempo a estos pasos porque son de lo más importante.

Todo lo que has leído en el libro, o has escuchado en nuestros audios, debería ayudarte para realizar mejor estos pasos.

Con mi mujer intentamos trabajar sobre la "casa" de nuestros sueños. Para alcanzar semejante anhelo sabíamos que teníamos que tener un estilo de vida que nos permitiera acceder a esa casa.

Pero el primer obstáculo que encontramos es que no teníamos ni idea sobre cómo debería ser esa casa de nuestros sueños.

Ahora dime, ¡¡¡¡¡¿cómo lograríamos alcanzar un objetivo sin siquiera saber cómo era ese objetivo??????!!!!!!

Muchos de nosotros vamos por la vida queriendo que las circunstancias mejoren pero no tenemos ni idea de qué es lo que queremos finalmente.

Es así que comenzamos a trabajar sobre la "casa" que anhelamos. ¿Surgieron fácilmente algunos bosquejos sobre cómo sería arquitectónicamente? ¡¡¡No!!!, ni cerca.

Es que notamos que no sabíamos si queríamos una casa o un departamento frente al mar o cercano al mar. Cada una de las opciones tenía sus puntos a favor y sus puntos en contra.

Poco a poco y con mucho trabajo interior fue surgiendo aquella vivienda que nos hacía aflorar los mejores sentimientos de alegría, paz, bienestar, calidez. Ahora ya estábamos con las ideas más claras como para ser más asertivos, y comenzar a navegar en pos de nuestros anhelos.

Es imposible alcanzar lo que queremos en la vida si primero no sabemos qué es exactamente lo que queremos.

Por ello, el trabajo del "**como si**", es decir de imaginarse la escena tal cual la estaríamos viviendo, es una forma súper estupenda de comenzar a delinear nuestros objetivos más encumbrados.

Un barco que no sabe a dónde quiere ir, difícilmente alcance su objetivo.

Paso 3:

Una vez que he encontrado una escena y la he revivido de manera bien nítida es tiempo de ir detrás de los anhelos de las diferentes áreas de nuestra vida.

Tú tal vez te preguntes... ¿para qué realizar este paso? ¿Qué tiene que ver todo esto con el cambio de los sentimientos o afectos?

Cuando sepas bien claramente cuáles son tus mayores anhelos, y logres revivirlos con tu mente y con todo tu cuerpo, entonces podrás ahora, ante cualquier circunstancia de tu vida, focalizar en tus mayores sueños, de manera que broten ante ti tus mejores sentimientos.

Un ejemplo:

Imagínate que te llega una carta con una deuda financiera, o el banco te llama para reclamar algún pago, y de repente surge desde tu interior la ansiedad, o la preocupación, o la depresión, al notar tu estado financiero en quiebra.

Generalmente ante una situación así, sucumbimos ante nuestros peores sentimientos y tal estado no nos permite avanzar hacia la resolución del conflicto.

Frecuentemente creemos que **preocuparnos** por tal circunstancia es positivo porque entonces estaremos suficientemente intranquilos como para intentar resolver el asunto.

Pero la verdad es que los estados de ansiedad, depresión, incertidumbre, no son buenos aliados a la hora de resolver situaciones.

Nuestros pensamientos irán hasta inconcientemente a apoyar estados negativos con justificaciones "lógicas".

¿Cómo no voy a estar deprimido con lo que me acaba de pasar?

¿Cómo no voy a estar con bronca con esto que me pasó?

La lógica comienza a ser así la aliada de nuestros peores afectos.

Sin embargo, la paz, la alegría, la asertividad, son estados mucho más positivos y, por ende, nos ayudan de manera increíblemente más **poderosa** a resolver cualquier conflicto. Y más todavía, porque nos ayudan a alcanzar nuestros mayores ideales.

Por ello ante una situación negativa necesito colocarme en el *"como sí"* de aquello que anhelo. Si tengo práctica en lograrlo, entonces me será más fácil, y hasta se me puede transformar en un hábito.

Volvamos al ejemplo de la carta con el reclamo de la deuda.

Si logro en ese momento ponerme en sintonía y realizar una contemplación actuada con la escena de mi libertad financiera, ese estado me va a ayudar a resolver mi problema con mucho mayor poder y efectividad.

Al intentar crear en mi interior el producto terminado de mis anhelos, los sentimientos que afloran son seguramente hermosos, y con el suficiente poder como para cambiar mis estados de ánimo, y desde allí también cambiar mis estrategias para alcanzar aquello que quiero.

Cambiar los sentimientos o los estados de ánimo sólo con un "pensamiento positivo", no tiene la fuerza y el poder necesario para lograrlo de manera efectiva.

Otras veces, las personas intentan "sentirse" mejor con **ideas lógicas** sobre el **sentido** de aquello que les hace **sufrir** temporalmente.

Esta idea es muy buena porque la búsqueda de un sentido en el dolor es una forma extraordinariamente saludable de atravesar los sufrimientos. Victor Frankl en su libro *"Hombre en búsqueda de sentido"* trabaja sobre este punto. La *Logoterapia*, terapia que surge a partir de las ideas que propone este autor, son herramientas muy buenas para lograr esta estrategia.

Pero aquí queremos ir un poco más allá del nivel de las ideas. Porque creemos que los sentimientos y afectos tienen una entidad todavía más primitiva o primigenia para lograr cambios significativos a nivel de los estados de ánimo.

Hollywood, los publicistas, y la televisión, utilizan todas sus herramientas para intentar cambiar nuestros estados interiores.

Las personas más esclavas de los niveles superficiales de los sentimientos son presa fácil de cualquiera que quiera intentar llegar hasta su voluntad.

A través de la manipulación de los estímulos externos buscan **modificar** los estados afectivos interiores y así llegar a la **voluntad** de la persona, de tal forma que ligue el producto, que el publicista quiere vender, con la voluntad del cliente.

¿Por qué te crees que gastan **millones** de dólares en pautas publicitarias?

También logran ligar ideas a nuestro razonamiento a través del cambio de los estímulos externos. Las películas continuamente intentan irradiar un mensaje que penetra en nuestra mente por el lado de las **imágenes** y no tanto por el lado de las **ideas**.

¿Te has puesto a pensar que todos ellos utilizan las herramientas de las imágenes, junto con algún otro estímulo externo como la música adecuada, o una fragancia exquisita, o una textura suave, para lograr penetrar en nuestro interior y así modificar nuestra conducta o nuestras ideas? Incontables son las veces que la fragancia o la textura son insinuadas también sólo por la imagen.

Es mucho más **poderosa** una **imagen** que una **idea**.
Todos sabemos que fumar es perjudicial para la salud. Hasta el mismo paquete de cigarrillos lleva inscripta esta **idea**. Sin embargo, los publicistas ligan la marca de algún cigarrillo con la **imagen** de una chica muy linda, o con alguna aventura en las altas montañas, o con algún deporte.

Sabiendo todo esto, te hago una pregunta importante:

¿Alguien te ha enseñado a trabajar con las imágenes que te propones a ti mismo?

¡Usualmente la respuesta es no!

Millones de personas gastan trillones de dólares para proponernos imágenes a nuestro interior, y nosotros mismos ni siquiera estamos atentos a qué tipo de imágenes le proponemos a nuestro interior.

Por eso ahora es súper importante que estés más atento a ello, y que enraíces **hábitos sanos** y **poderosos** en tu **imaginación**.

Cuando alguien padece fuertes **fobias**, generalmente se imagina situaciones **terroríficas** a futuro si se acerca al objeto fóbico.

Cuando alguien tiene problemas **vinculares**, por ejemplo una fobia social, se imagina los peores escenarios delante de las personas, y esta imaginación dispara todo tipo de conductas enfermas y evitativas.

Cuando alguien padece **celotipia**, enfermedad psíquica de los celos, generalmente se imagina a la persona que ama en los peores escenarios de infidelidad.

Ahora estos procesos son muchas veces habituales en nosotros pero quedan como fuera de nuestra conciencia o control porque ni siquiera nos damos cuenta de ellos.

Por eso ahora te invito a que tú transformes tu vida para siempre a través de las imágenes que te propongas de aquí en más.

Las mejores imágenes para proponernos a nosotros mismos son las que surgen de la realización de nuestros mayores anhelos.

¡¡¡Nosotros tenemos que ser mucho mejores "directores" que los de Hollywood en este arte!!!

Pero quiero compartirte algo todavía mayor...

Cuando revivimos una y otra vez aquello que anhelamos en nuestra imaginación y, a través de ella, penetramos en nuestro interior y experimentamos con todo nuestro ser esa escena, suele pasar que con el tiempo aquella escena que era imaginaria se vuelve real.

Algunos psicólogos le llaman a esta idea: **"Profecía autocumplida"**, otros autores, y ahora está de moda, le llaman la "Ley de la Atracción".

La maravillosa película de Rhonda Bern llamada "El Secreto", trabaja este punto con todos los condimentos necesarios para que experimentes con nitidez aquello que te comparto.

Entonces la imagen que le proponemos a nuestro interior puede llegar a ser nuestra mejor herramienta para crecer en cualquier área, o puede ser como una **pistola puesta en nuestra sien para matar los mayores sueños**.

Si quieres seguir avanzando en la vida tendrás que especializarte en esto.

Este es el ejemplo de las tres etapas que te describía al principio del libro:

El **principiante** es aquel que no puede todavía notar lo importante que es tener imágenes claras sobre aquello que anhela.

El **caminante** es aquel que ya tiene alguna imagen vaga sobre sus objetivos pero no es consistente a la hora de recrearla en su interior y lo vencen las imágenes viciadas por las dificultades, la mediocridad, o simplemente por imágenes distractivas.

El **crecido** es aquel que conoce exactamente lo que quiere y, cada vez con mayor pericia, puede tocar con su interior la escena de lo que pretende en la vida, anulando de esa manera todo otro estado que no le permite arribar a sus objetivos más encumbrados.

En la medida que mayor práctica tengamos en esto, mayor será la facilidad por la cual podamos pasar de un estado negativo a uno positivo.

La "Gracia" a nivel espiritual siempre está de nuestro lado. Hay un pasaje bíblico que expresa claramente esta idea, cuando Dios mismo le dice al alma de San Pablo: "**Mi gracia te basta...**"

Es decir que la gracia para vivir siempre en plenitud la tenemos. Ahora sólo necesitamos secundarla con las herramientas que Dios mismo nos dio y que nosotros por ignorancia le delegamos a Hollywood para que la administre o la manipule. ¡¡¡Esa herramienta es la **IMAGINACIÓN**!!!

San Ignacio de Loyola sabía muy bien todo esto y, como sabio que era, propuso trabajar con la imaginación para dar grandes pasos en el área espiritual.

Ahora nosotros te compartimos esta herramienta para que la utilices en todas las áreas de tu vida.

Veamos un ejemplo de alguien que está a un paso de saltar a la etapa de caminante pero carece de objetivos claros y firmes para continuar su sendero.

La trampa del comerciante...

Había logrado que su negocio se impusiera sobre otros cercanos en el rubro del abastecimiento de insumos de computación en la región. Era una pequeña empresa pujante, y lo conseguido hasta el momento hablaba muy bien del dueño. El problema que tenía esta persona, y por lo cual yo lo describía como **"entrampado"**, era que por más que intentara seguir haciendo esfuerzos para crecer económica y comercialmente, no lograba avanzar.

Caminar por la ciudad buscando nuevos clientes ya no le daba mayores resultados porque los potenciales clientes necesitaban tiempo de dedicación y él ya no tenía más tiempo disponible.

Para peor, en su desesperación, culpaba en alguna medida a sus empleados del estancamiento de la empresa y les exigía colocar el mismo esfuerzo que él hacía para intentar incrementar las ventas.

De más está decir que el **vínculo** con los **empleados** se comenzó a resentir, y detrás de los mostradores dieron comienzo una seguidilla de chusmeríos sobre la situación de la empresa, la mala personalidad del dueño, etc.

Tal clima fue caldo de cultivo para generar un mayor **malestar** en los empleados.

Tal malestar viró de **máscara,** y el fastidio se transformó en un reclamo por mayores salarios, luego en reclamos por exceso de horas de trabajo, luego por problemas con las fechas de las vacaciones, luego por la disconformidad por las horas laborales durante los fines de semana.

¡El problema inicial se fue transformando en numerosos otros inconvenientes que terminaron por olvidar cuál era la problemática de origen!.

Para colmo de males, el dueño del negocio ni sospechaba que el origen de sus inconvenientes residía en su ceguera sobre qué estrategia implementar para dar el siguiente paso. Atribuyó al "afuera" (empleados, situación económica) lo que debería haber imputado a su interior.

Los siguientes meses fueron de mal en peor...

El dueño buscó con astucia alguna forma de "vigilar" al personal que parecía perezoso.

Colocó una máquina para marcar el horario de ingreso y egreso del personal.

Buscó a un pariente, que tenía fama de "duro", para que observara el desempeño del personal.

El descontento de los empleados fue en aumento porque ahora se contrataba a alguien de "afuera" para un puesto que cualquiera de ellos podría haber cumplido.

Se sentían desvalorizados, observados, juzgados, sospechados.

Las licencias por enfermedad comenzaron a abundar.

Alguno de los empleados se contactó con el sindicato para asesorase sobre la posibilidad de denunciar la situación como "mobbing", es decir el acoso laboral que genera "síndrome de Burnout", estrés, ansiedad, y otros múltiples trastornos psicológicos.

Puedes notar como la problemática interna del dueño, que no supo focalizarse en sí mismo, finalmente se transformó en una dificultad exterior inmensa que abarcaba a toda la empresa y a sus empleados.

Creo realmente, que cuando alguien no acepta el desafío de conocerse a sí mismo, tal cobardía termina **repercutiendo** en quienes lo rodean.

Y cuando **mayor influencia** tiene alguien sobre las redes sociales, mayor nivel de influencia tendrá sobre su entorno y a mayor número de personas afectará.

No es lo mismo la ceguera del dueño de esa pequeña empresa que la obcecación de un presidente de un país.

Por ello, suelo observar que cuando un país no avanza, generalmente sucede que quien lo preside tiene algún tipo de problema como el que aquí describo.

Frecuentemente tal problemática es desviada luego para atacar a la oposición política, a algún grupo de interés como los empresarios, los industriales, a los trabajadores, a la Iglesia, etc.

Los políticos caen fácilmente en la tentación de focalizar en el "afuera" para atribuirle el origen de sus males.

¿Qué debería haber hecho el dueño de la pequeña empresa de insumos de computación? En primer lugar ¡¡¡debería haberse aquietado!!! Su "hacer" fue **peor** que no haber hecho nada.

Así suele suceder con las personas hiperactivas, suponen que "haciendo" se logran resultados, o que la falta de "hacer", en este caso de los empleados, era el origen de sus problemas.

Debería haberse aquietado y aceptar que para dar un nuevo paso tenía que cambiar él en primer término. Aceptar tal circunstancia lo hubiera llevado a ahorrarse numerosas dificultades.

Debería saber que es un "**principiante**" y que para avanzar hacia las nuevas etapas necesita aprender sobre nuevos caminos y senderos. Pero, por supuesto, para un dueño de una empresa, es muy difícil aceptar que se es un principiante.

Sin embargo la persona era absolutamente **ciega** sobre sus mayores defectos. Carecía totalmente también de alguna capacidad para notar que tenía dificultades para formar equipos, para delegar tareas, para comunicarse efectivamente con los otros. Y todas estas carencias eran la verdadera raíz de sus tropiezos. Sus trabas y limitaciones personales impedían que siguiera creciendo hacia la verdadera libertad económica.

Me contaba un amigo sacerdote, que había hecho un retiro espiritual en la India en donde le proponían estar quieto durante varias horas al día (en *Teoterapia* explico más en detalle tal experiencia). Luego de algunos días de tal práctica era fácil escuchar el latido del corazón.

Cuando alguien intenta aquietarse es más fácil escuchar la interioridad. En medio del bullicio exterior, es difícil percibir los movimientos interiores. Si esta persona se hubiera aquietado, tal vez hubiera tenido la oportunidad de percibirse interiormente y de notar cuáles eran sus mayores enemigos.

Lograr ver esos defectos es una experiencia **poco placentera** y, por ello, tal incomodidad puede repercutir en estados de ánimo negativos.

Sigamos con una analogía... Por ejemplo, cuando a alguien le duele la muela, es difícil estar bien con los que lo rodean.

Así también, cuando se comienza a percibir ese mundo interior lleno de defectos (todavía escasamente trabajados) es también muy difícil entablar relaciones armoniosas con el entorno.

Ahora bien, si uno aprovecha la oportunidad y coloca un reflector que le muestra claramente sus miserias, entonces es una magnífica oportunidad para identificar y luego extirpar esos defectos.

Cuando se identifica al **enemigo** y se observa su ubicación y tamaño, luego será más fácil formarse una estrategia para vencerlo.

Si por resistencias se evade la situación, entonces se enfrentará con enemigos imaginarios o ficticios que terminarán por desgastar y frustrar todo esfuerzo.

Pero hay una estrategia todavía más **poderosa** que es la de **imaginar** el **producto terminado** de los propios **anhelos**. Esa imagen suele causar un estado de enorme bienestar que predispone al interior para encarar las actividades con otro tino.

A su vez, esa imagen, mantenida como hábito suele dejar al interior en un estado en donde la respuesta para dar el siguiente paso se manifiesta de manera más **asertiva**.

Cuando imaginamos nuestro futuro con una escena que describe lo que nos apasiona, solemos estar en un estado que es más fácil encontrar aquello que nos dará el cómo alcanzar lo que deseamos.

En cambio, los estados negativos generalmente distorsionan el futuro tiñéndolo de aspectos tenebrosos que predisponen al alma para evitar ese dolor y, paradójicamente, termina experimentando más y más aquello que teme. Posiblemente aquello que más tememos termina cumpliéndose como profecía autocumplida.

Por ello es importantísimo focalizar en aquello que más anhelamos y que libera todo nuestro entusiasmo.

Alguien que llegó hasta aquí se va a encontrar con defectos y virtudes interiores.

¿Pero cuáles son los defectos clásicos que alguien que se encuentra en esta etapa puede encontrar en su interior?

Omnipotencia.

Soberbia.

Dificultades de comunicación con otros.

Incapacidad para formar equipos.

Resistencias para aprender estrategias nuevas.

Resistencias para recibir asesoramiento.

Rechazo a formar equipo con personas más inteligentes.

Miedo a descubrir la propia ignorancia.

Temor a que descubran los demás la ignorancia o debilidad propia.

Necesidad de ser tomado en cuenta, o ser consultado.

Falta de Fe.

Amor distorsionado o egoísta.

Ceguera para describir nítidamente lo que quiere.

Se podrían agregar varios más, pero estos que pusimos aquí son bien ilustrativos y gráficos.

Puedes notar que algunos de los defectos tienen que ver con el miedo o temor de descubrir, o que otros descubran, los defectos y debilidades propias. Pero ese temor también es una barrera para conocer realmente las **virtudes** que se encuentran en el interior. Por no querer encontrase con unos, se termina rechazando a los otros. Por evadir encontrar las miserias, se evade el encuentro con las virtudes.

Esta es una etapa sensacional para encontrarse con los **dones y virtudes** que llevamos dentro. Gracias a ese reflector que está orientado hacia el interior, se pueden ver con mayor claridad las virtudes que lleva el alma.

¿Pero cuáles son las virtudes clásicas de alguien que se encuentra en esta etapa?

Perseverancia.

Tenacidad.

Entusiasmo.

Liderazgo.

Fortaleza.

Estabilidad emocional.

Y muchos otros dones o carismas propios de cada individuo.

Conocer y focalizar sobre las virtudes también ayuda a fortalecerlas y a secundarlas. La mejor estrategia para **extirpar** los defectos es **fortalecer** las virtudes y secundarlas.

Conociendo el mundo interior y focalizando en aquello que más anhelamos es fácil continuar avanzando...

Es barato anhelar la abundancia...

Un ruido estremecedor arremetía contra las frágiles cavidades de mi oído medio.

Parecía como si los enemigos de un campo de batalla estuvieran intentando intimidarme con un ataque masivo de morteros, pero no, ¡¡¡era el caño de escape de mi auto!!! que al atravesar una loma de burro se había soltado de su eje.

El sonido había actuado como disparador de recuerdos no tan gratos a mi memoria. ¿Por qué siempre tenía autos que se rompían tan a menudo?

Un familiar había acuñado una frase que con el tiempo la había hecho mía: "**no hay nada más caro que ser pobre**".

Cuando uno tiene las cuentas muy al límite, se compra ropa económica que se deteriora más fácilmente, se compra artefactos del hogar más baratos que se rompen cotidianamente, y se compran autos usados que se estropean periódicamente.

Es muy difícil dar cuenta del por qué el ruido del caño de escape tiene que ver con algo de la interioridad. Generalmente reaccionamos ante situaciones como esas quejándonos de lo que nos toca vivir pero no nos detenemos a evaluar el por qué no logramos acceder a un mejor estilo de vida.

¡¡¡Espera un poco y lee lo siguiente!!!

Fíjate que todo lo que te dije desde el último título es muy lógico, sin embargo de nada sirve ese razonamiento para acceder a un mejor estilo de vida. Quejarse y focalizar en todo lo negativo y en las creencias de alguien que sostiene que el mundo es así de caro para los pobres, pareciera lógico pero no da frutos.

Es una lógica que te instala en una lectura de la realidad que pareciera coherente pero ¡¡¡que no sirve para dar pasos de crecimiento sino sólo para quejarse o para catarsis!!!

toioines2@yahoo.com.ar

Es que para acceder a un mejor estilo de vida tengo que **centrarme** en aquello que me **apasiona**, tenerlo bien claro en mi interior, y luego ir por ello.

De nada me sirve focalizar en aquello que no quiero porque esto atrapa mi atención y mi agenda.

Por eso focalizar en el caño de escape y dedicarle minutos de mi vida explicándote sobre el ruido que ocasiona, ¡¡¡no sirve para cambiar de auto!!!

Un famoso conferencista americano decía que tener un auto mejor no hacía a la felicidad pero que de cualquier manera él quería intentar resolver sus problemas personales arriba de un auto último modelo.

Yo agregaría que preferiría gastar el tiempo que tengo disponible en la vida en atender asuntos verdaderamente importantes de mi vida y no consumirlo en cosas como arreglar una y otra vez mi auto viejo.

Además ¡¡¡focalizar una y otra vez en el auto viejo y esperar que llegue la grúa dos o tres veces por mes no me ayuda a cambiarlo!!!

Ciertamente la agenda diaria es un asunto muy importante, y aquí quisiera hacer un paréntesis.

La agenda...

¿Recuerdas que en el comienzo señalábamos que el tiempo es muy importante y que tú estuvieras invirtiendo tu tiempo hoy en este libro era un privilegio para nosotros?

Es que la agenda diaria es importantísima, y saber en qué invertimos el tiempo que tenemos disponible es una tarea indispensable antes de querer continuar creciendo hacia la libertad.

Estaba trabajando a los 24 años en USA en la construcción de un campo de golf en Hawaii.

Nos habíamos alejado del lugar habitual de trabajo en Wailuku para atender un campo de golf que quedaba en Wailea, del otro lado de la isla de Maui.

Una vez en el campo de Golf, notamos que nos habíamos olvidado algunas de las herramientas que necesitábamos para trabajar.

Mi primera reacción fue alcanzar la camioneta para volver a buscar las herramientas faltantes. El recorrido ida y vuelta del trayecto hasta nuestro lugar habitual de trabajo hubiera insumido alrededor de dos horas de manejo.

La hora de trabajo del equipo que formábamos de cuatro personas, en aquel entonces, era cercana a 200 dólares. Es decir que el costo hubiera sido de 400 dólares si nos lanzábamos a buscar las herramientas y manteníamos parado a todo el equipo.

Pero el costo de las herramientas en una tienda cercana al lugar, en el cual nos encontrábamos, era de 130 dólares. Mi jefe decidió, obviamente, comprar las herramientas en el comercio próximo.

Para mí, que venía de trabar en países como Argentina, en donde en aquella época el costo de horas de trabajo era tan bajo que no se tenía en cuenta para este tipo de cuestiones, fue todo un aprendizaje.

Años después, la misma lección se me había presentado pero ya con ciertos cambios más difíciles de discernir.

¿Te acuerdas cuando te compartía, en los primeros capítulos, que una estrategia en la cual había invertido mi tiempo para progresar en los ingresos económicos había sido la de comenzar otra carrera universitaria que me ayudara a crecer en la institución en la cual trabajaba?

Había iniciado los estudios para abogacía sabiendo que una vez recibido el título universitario, el Poder Judicial de la Provincia de Buenos Aires me pagaría más por el simple hecho de estar recibido.

Te "bloquean" el título profesional dado que otro trabajo como abogado en otro ámbito sería incompatible con la labor dentro del juzgado. Por ello ese "bloqueo" de título se expresa en una mayor remuneración salarial que compense la limitación de acceder a otros ingresos fuera de la institución.

Ahora bien, para acceder a ese título, y como consecuencia de ello poder adquirir el derecho a un aumento del 30 por ciento en mi salario, debía primero estudiar toda la carrera de cinco años.

Esta estrategia la implementé durante dos años.

Concurría a la Facultad de Derecho de Mar del Plata todas las tardes de 13:30 a 18:30 horas. Es decir que invertía cinco horas diarias de lunes a viernes para alcanzar el tan preciado premio de un mayor ingreso salarial.

Tengo que admitir que había también otras motivaciones secundarias que me empujaban a tamaña empresa. El ejercicio de la profesión aparentaba agradable y el trabajo dentro de los Tribunales me resultaba placentero.

Pero, para ser transparente, la motivación económica era la principal razón que movía mi voluntad.

Sin embargo, tiempo después noté que el invertir cinco horas por día en aquella estrategia parecía un esfuerzo poco acorde con incrementar mi salario un treinta por ciento en cinco o seis años más tarde.

Más allá de mi **miopía económica**, pude intuir que con el mismo tiempo invertido en otras actividades, que también fueran placenteras para mí, tal vez tendría mejores resultados económicos.

Es más, si hubiese sabido qué era lo que realmente me apasionaba, podría haber invertido el tiempo en ello.

149

Pero la peor ceguera era que no tenía idea de **cuánto** quería ganar en el futuro ni qué **cantidad de horas** quería invertir en lo laboral.

Si hubiera, aunque sea, pensado unos minutos en estas últimas preguntas, me hubiera dado cuenta que mis sueños rodaban bien distantes a las horas laborales y el ingreso que me proponía el Poder Judicial.

Unos meses antes había coordinado un taller sobre la agenda diaria.
El taller se había publicitado como algo así:

"Desarrollo personal: aprenda a discernir su tiempo en la vida".

Para aquella época mi ceguera económica era paralela a mi ignorancia en materia de marketing.
¡Sólo concurrieron al taller tres personas!!!.

Más allá del fracaso publicitario, los frutos fueron numerosos e importantes.

Suelo involucrarme en los talleres que coordino como si fuera un participante más.
El desarrollo del evento se impartía en clases de dos horas, una vez por semana, durante cuatro meses.
Al término del proceso, llamativamente mi vida había tomado un giro inesperado, y para sorpresa de mi alicaído ego por el fracaso marketinero, también la vida del resto de los participantes había cambiado profunda y notoriamente para bien.

¿Qué había sucedido?
¡Simple!, todos nos habíamos dado cuenta que nuestras actividades cotidianas no concordaban con los **anhelos**, **sueños** y **valores** que perseguíamos.

Las motivaciones puramente económicas, o vinculares, o afectivas, no tienen fuerzas si no están sujetas a las pasiones más profundas que son movidas por lo verdaderamente vocacional o por aquello que más queremos interiormente.

Por eso es importantísimo que sepas la respuesta de esta pregunta:

¿Qué quieres?

La respuesta a esta pregunta debería ser tu **obsesión** en los siguientes días.

Es decir que para saber cómo seguir adelante necesitamos explorar qué es lo que queremos en cada área de nuestra vida.

Por ejemplo para mí el **vínculo con mi pareja** es una de las áreas más importantes de mi vida pero llamativamente no le dedicaba el tiempo suficiente que necesitaba para que ese vínculo creciera y mejorara.

Si quería crecer en el vínculo con mi esposa necesitaba dedicarle tiempo único y frecuente a tal propósito. Nuestros hijos luego estarían agradecidos de tal empresa porque ellos mismos mamarían los frutos de un vínculo armónico entre ambos.

Tal luz intelectiva que descubrí en el taller, se transformó rápidamente en el proyecto de salir solos, sin los chicos, cada quince días, para dedicarnos a charlar de nuestras cosas.

De la misma manera en otras áreas se irían delineando otros propósitos similares.

Si quería mejorar en el aspecto económico necesitaba dedicarle tiempo a tal deseo para que no quedara en sólo "buenas intenciones".

Mi esposa Inés, que también participaba en ese taller a través de llamada en conferencia, había comenzado a realizar un ejercicio que consistía en anotar todas las áreas importantes de la vida a las cuales deseaba dedicarle tiempo.

El axioma o el principio que motivaba tal ejercicio, era que le **consagramos tiempo** a aquello que **amamos** o que nos parece importante.

Si para un individuo la amistad es un ítem importante para la vida, sentirá que su vida no es plena si no le dedica tiempo frecuente al encuentro con amigos.

Si para otra persona el **deporte** es importante para su desarrollo físico y mental, se sentirá pobre si no le ha dedicado algunos minutos diarios a perseguir tal objetivo.

Si para otra persona la relación con Dios es lo más importante, y las actividades cotidianas no le permiten tener un espacio mínimo de oración diaria, sentirá que la vida le pasa por encima y no le permite ser "espiritual".

Así se podrían enumerar muchas otras áreas, pero para cada persona éste trabajo es individual y único, porque **cada cual siente que tiene valores personales y objetivos únicos.**

Si en la agenda diaria no aparecen las áreas más importantes, la persona percibe a su vida como carente de cuestiones trascendentes.

Me pregunto ¿cuáles serán tus áreas a las cuales quieres dedicarle tu tiempo?

El ejercicio intenta abarcar todas las áreas importantes, porque si falta alguna de ellas ya la vida no se percibe tan plena.

¡¡¡El tiempo es muy FINITO...!!!

Lo cierto es que Inés estaba haciendo su ejercicio prolija y disciplinadamente.

La primera parte del ejercicio consistía en anotar todas las áreas importantes: espiritualidad, pareja, familia, familia ampliada, amistad, cultura, deporte, formación, vínculos sociales, pasatiempos, trabajo, etc.

Luego había que intentar buscar la **frecuencia e intensidad** que cada una de esas áreas necesita para que la vida se sienta colmada o plena.

Es decir, para Inés y para mí, salir cada quince días durante dos horas nos parecía adecuado a las circunstancias de vida y ciclo vital.

Otras parejas necesitarán mayor o menor frecuencia, pero ciertamente necesitarán algún propósito parecido si realmente quieren crecer en el vínculo íntimo.

Cuando Inés hubo terminado el ejercicio, tenía un papel frente a ella en el cual había plasmado todo lo que para ella era importante.

En el mismo papel había anotado separadamente en cada ítem la **frecuencia**, es decir cuántas veces por semana o por mes necesitaba dedicarle a tal área, y también la **intensidad**, es decir qué cantidad de horas.

¡¡¡Eso era muy pero muy bueno!!!

Sólo necesitaba poner manos a la obra y comenzar a dedicarle tiempo a todo lo que para ella era trascendente.

La mala noticia se suscitó cuando notó que la suma total de las horas que por semana necesitaba para desarrollar a pleno todas las actividades que consideraba fundamentales llegaban a un total de aproximadamente ¡¡¡250 horas!!!. Pero la semana sólo tiene 168 horas (24 x 7). ¡¡¡Es decir que Inés necesitaba días de 35 horas aproximadamente!!!

Luego comenzó una tarea de **artista**, es decir necesitó comenzar a retocar pinceladas para que la agenda tuviera todos los colores importantes del cuadro de su vida, y también tuvo que discernir qué tamaño de pincelada tenía cada color.

Este ejercicio es una obra de arte que finaliza cuando la pieza queda armónica y otorga la sensación de plenitud.

Lo importante es que en el cuadro deberán estar todos los tonos que hacen al sentido de vida, sino el cuadro reflejará un color exagerado en uno de sus ángulos.

Por ejemplo puede ser que tenga demasiado color laboral y la persona no le dedica tiempo suficiente a otras áreas importantes.

Veamos un ejemplo...

El asado del domingo...

Graciela se quejaba a su marido Martín, porque todos los domingos concurrían al asado familiar del mediodía en la casa de sus suegros. Tal encuentro parecía sagrado para él.

Pero lo cierto es que nunca salían ellos solos para disfrutar un momento de pareja.

Martín también tenía otro ritual semanal que era juntarse los martes con sus mejores amigos a jugar al Poker y a comer pizza.

Graciela casi cotidianamente visitaba a su madre que vivía con su hermana menor.

Es decir que la maravillosa pareja mantenía en su agenda semanal buenos rituales en los vínculos familiares, pero carecían de tiempo de dedicación exclusiva a la pareja.

Todos los matrimonios saben que con sólo algunos minutos de tiempo de dedicación a algún encuentro de intimidad sexual por la noche, no alcanza para llevar a la pareja a solidificar el vínculo hasta su máximo esplendor. ¡¡¡Algunos matrimonios no llegan ni siquiera a dedicarle algunos minutos a esto último!!! ¡¡¡Pobre de ellos!!! Tienen sus días contados...

¿Te suena cercano tal vez el ejemplo?
¿Cómo estás hasta aquí querido compañero?

Habrás notado que a lo largo de las etapas se van descubriendo nuevos aspectos de sí mismo y de estrategias de afrontamiento de decisiones en la vida.

El taller de la agenda fue fantástico y si tú lo realizas seguramente que también obtendrás frutos similares.

Por ello te invito a que primero le dediques algunos buenos minutos a realizar la tarea para que logres advertir cuáles son las **áreas importante**s de tu vida y qué **frecuencia** e **intensidad** quieres dedicarle de tu tiempo.

Luego habrá que notar si el cuadro te quedó armonizado o necesita **"retoques"**.

En dicho cuadro deberá estar todo lo que te parece importante porque si en él falta alguna área, entonces tendrás la **sensación** de que tu vida tiene carencias de algo primordial.

Si en tu vida hay algo que es súper importante, y no se encuentra reflejada esa importancia en tu agenda diaria, entonces tienes un problema para resolver en este ejercicio.

¡¡¡Suerte con el ejercicio!!!

Luego de finalizado el ejercicio...

Cuando estaba repasando cómo me había quedado el cuadro de mi agenda noté que en el área de intentar mejorar mis ingresos estaba dando pasos enormes.

Ya estaba en segundo año de abogacía y el tiempo que le dedicaba a ese proyecto era inmenso, pero las expectativas económicas ya no reflejaban los anhelos perseguidos en primer término.

Un rayo de luz atravesó mi cerebro y noté nítidamente por primera vez en mi vida que no sólo era necesario dedicarle tiempo a cada área sino que además había que dedicarle **"tiempo inteligente"**.

Dicho de otra manera, "tiempo inteligente" significa que en pocos segundos me di cuenta de mi **ignorancia** en materia económica y en la administración de los recursos personales.

La luz había penetrado hasta el tuétano y me había iluminado la ignorancia que padecía. Ahora podía darme cuenta que era un principiante en esta área específica, y necesitaba formarme y aprender de los referentes cercanos, o lejanos, para lograr obtener resultados diferentes en mi vida.

Ya estaba el alma lista para la siguiente etapa...

Séptima etapa: Unión simple u oasis...

Esta etapa es un pequeño oasis en medio de las tormentas. La tregua realmente ayuda para acumular fuerzas para las siguientes etapas que son **apasionantes** y **arriesgadas**.

Imagínate que todos nosotros necesitamos ciertas seguridades y estabilidades para sentirnos en un mundo coherente. Si todo cambia demasiado rápido, el mundo se hace incierto y esa situación posiblemente derive en niveles de **ansiedad** intolerables.

Mi esposa, quien estuvo acostumbrada a vivir durante 17 años en la misma casa de sus padres, al casarse conmigo comenzó a mudarse cada dos años. Esta situación no fue muy bien digerida por ella, y hoy todavía se le pelan algunos cables cuando le propongo alguna mudanza.

Mudanzas, finales de colegios, egresos de universidades, cambios laborales, casamiento, nacimientos de hijos, nuevos emprendimientos, son todos estresores externos que repercuten en forma de ansiedad en nuestro psiquismo.

Inés me lo hizo notar innumerables veces. Yo estaba más acostumbrado a los cambios, no sólo de domicilio sino también de ciudades y hasta de países. En los últimos años me había mudado en un sin fin de oportunidades.
Pero de cualquier manera mi mundo también necesitaba de cierta estabilidad y seguridad. Cada uno de nosotros necesita seguridades.

Esta etapa proporciona cierta estabilidad al alma como para que pueda respirar un poco más pausadamente. Hay como mayor certeza de qué es lo que hay que hacer, pensar y sentir de manera diferente.
Pareciera paradojal la afirmación, pero ahora el individuo sabe más que nunca que necesita nuevos criterios para obtener resultados diferentes.

Dado que la persona nota que va dando pasos en sus cambios interiores, la pausa ayuda para evaluar dichos cambios.

Además hay **mayores certezas** respecto de haber tomado el **rumbo correcto**. Hasta la etapa anterior la persona tenía temores de haber equivocado el sendero y tal vez su rumbo era una aventura temeraria e innecesaria.

Imagínate una persona que ha llegado a un lugar destacado en alguna área:

¿para qué seguir dando pasos?

¿no será sólo una ambición desmedida?

¿por qué no conformarse con los logros obtenidos hasta ese momento?

Las bikinis brasileras…

El taxi había parado junto a una calle plagada e inundada de negocios. "Son 17 reales", me dijo el conductor con tono acelerado.

Atiné a pagarle con un billete de 20 reales que tenía en el bolsillo interno de mi campera. El billete se había situado al fondo del bolsillo y tal situación hacía dificultoso su rescate.

Aproveché el entretiempo para espiar con el rabillo del ojo sobre la ventanilla lateral del vehículo y observar detenidamente el lugar donde me encontraba. Eran los suburbios de un barrio de Porto Alegre, ciudad importante del sur del Brasil.

La calle parecía un hormiguero de donde pululaban millares de individuos cada cual con mercadería de diferentes orígenes, precios y calidades.

A decir verdad, sentía cierto temor porque por aquella época no manejaba ni tarjetas de crédito ni cuentas bancarias para trasladar el dinero de un país a otro. Tenía todo mi dinero escondido en un bolsillo "secreto" aferrado como garrapata a mi ropa interior.

Calculo que todos los turistas debíamos haber tenido la misma idea, y los posibles ladrones seguramente que sabrán de estos escondites "secretos".

Había llegado hasta allí con la idea de poder comprar prendas de vestir de verano para luego revenderlas en la Argentina.
La aventura comercial incluía un viaje de casi 70 horas ida y vuelta en ómnibus desde Argentina.
Para abaratar los costos del viaje había planeado hacer trasbordos de ómnibus en las ciudades limítrofes y hacer paradas en hoteles de mala muerte de uno y otro lado de la frontera.

"Aquí tiene su bolso", me dijo el chofer en español extraño, quien había retirado la maleta del baúl del taxi.
Apuró su tranco, subió al volante y se marchó raudamente dejándome en la vereda de un barrio que no conocía, en una ciudad que no conocía, en un país

con una lengua extraña para mí, y con tres reales menos que nunca recordé reclamárselos antes de que se marchara.

Es llamativo el espíritu humano, tanto esfuerzo, tantos riesgos, tantas incertidumbres para intentar, tal vez conseguir, un beneficio difícil de evaluar.

Te cuento que de tal aventura me habrán quedado algunos pesos argentinos para los gastos personales de algún mes, y que luego la inflación galopante de la época consumió rápidamente la ganancia en la mitad del tiempo que cualquiera se hubiera imaginado.

Hoy, años después, sabía que tanto esfuerzo no era necesario para crecer. Sabía que había otros caminos o formas de conseguir dar pasos económicos, pero las creencias populares y familiares habitualmente iban en sentido contrario a tal intuición.

En esta etapa de respiro, la persona logra tener mayores certezas de que su aparente "pasividad" la va a llevar más lejos que su activismo anterior, en donde los pequeños logros eran fruto de un esfuerzo frenético que no ameritaba tan pobre resultado.

Todavía no sabe de qué manera será ese progreso, pero sí sabe con seguridad que no deberá continuar con las formas que perseguía hasta el momento.

Entonces se aquieta más y disfruta de su cambio interior con mayor ahínco.
Su mayor conocimiento de sí mismo le hace suponer también que deberá continuar **formándose** en aquellas áreas que desconoce, pero no con una educación formal sino con **conocimiento práctico** y concreto, tomando a los **modelos** o mentores que cada área dispone.

Podríamos hacer aquí una pausa para que puedas detenerte por unos segundos para anotar en tu diario personal aquellos referentes o modelos que tienes cercanos, lejanos o hasta tal vez imaginarios, que pudieran darte pistas de cómo continuar dando pasos.

Ejercicio...

Tú sabes que en tu interior habitan sueños y deseos que todavía no has podido plasmar en realidades concretas de tu vida. Por ejemplo descubres que te gustaría vivir de acuerdo a otros valores e ideales interiores y que tu estilo actual está guiado por acontecimientos pasados en los cuales tal vez tuviste poco de elección consciente.

Por otro lado también puedes ver que algunas personas logran alcanzar ciertos objetivos que a ti también te gustaría obtener.

Sabes también que si logras realizar las mismas actividades que ellos realizan, posiblemente obtendrás resultados similares.

Pero todavía no alcanzas a descubrir por qué no puedes perseverar en acometer las mismas diligencias que ellos. Tales **luces** se manifestarán en la siguiente etapa.

Por ahora sólo sabes que no hay que volver hacia atrás si quieres realmente crecer.

Por ello te propongo que anotes los **nombres** de aquellas personas que son **referentes** para ti en alguna de las áreas que consideras importantes.

Deja espacio entre cada nombre para que luego puedas volcar las características de personalidad que describen a esos individuos que tienes anotados en la hoja.

¿Cómo son ellos?,

¿De qué manera supones que piensan?,

¿Cuál será su sistema de creencias?,

¿Cómo es la forma en que se relacionan con otros o con su entorno?

Realizar actividades como las ejecutan otros es una tarea relativamente fácil, y hay muchos motivadores, en el área del desarrollo personal, que empujan hacia este sentido con la hipótesis anteriormente planteada de que a igualdad de acciones, igualdad de resultados.

Recuerdo haberme topado con numerosos artículos, videos, seminarios o audios que estimulan esta forma de abordar los logros. Muchas de estas herramientas son fantásticas y realmente ayudan para dar pasos hacia los objetivos que anhelamos.

Y aquí te quiero plantear un desafío que va más allá todavía.

Porque para realizar las acciones que otros realizan de manera perseverante y concreta, primero hay que conocer muy bien nuestro interior, sino sorpresivamente nos pueden asaltar temores, complejos, heridas, recelos, desconfianzas, timideces, y limitaciones de todo tipo que no estaban lo suficientemente trabajadas en el interior ni estaban lo adecuadamente visualizadas.

Tales estorbos pueden llegar a hacernos retroceder todo lo avanzado con anterioridad si no se logran observar detenidamente y buscar alguna estrategia de afrontamiento de semejantes **alimañas**.

Pero el conocimiento de tales sabandijas es harina del costal siguiente...

Al mismo tiempo para obtener grandes resultado hay que conocer sí o sí las virtudes y dones que poseemos. De ésta forma podremos secundar esos dones y acrecentar nuestro lado más fuerte y sólido, el cual nos permitirá dar pasos de gigantes.

Pero el conocimiento pleno de este aspecto, y los atisbos de cómo secundar la gracia interior, suele presentarse en la siguiente etapa...

Octava etapa: unión extática o perfumes de cielo.

Esta es una de las etapas más significativas de todo el camino.

Hasta aquí fuimos viendo como la persona va dando pasos tenues para seguir creciendo en libertad tanto en el ámbito espiritual, como laboral, como en lo económico, como así también en la calidad de vida, y en otras áreas afectivo vinculares.

También notamos que en estas últimas etapas el acento no estaba puesto en el esfuerzo personal sino paradojalmente en una mayor **pasividad** de la persona y en tal caso en un esfuerzo por una mayor introspección para notar sus virtudes y sus defectos.

Pero en esta etapa se produce un salto tremendamente más significativo que en las etapas anteriores. Es que en primer lugar se comienzan a vislumbrar las **raíces** de los **defectos** personales que antes estaban ocultas, y también se comienzan a observar y experimentar los tremendos **dones** y la **gracia** que llevamos en nuestro interior.

En la **sexta** etapa se habían observado los defectos, pero en esta **octava** etapa se visualizan las raíces de esos defectos. Y esta observancia es el primer paso para poder extirpar tales raíces.

En etapas anteriores se habían notado algunas **virtudes** y algunas características de la personalidad que se destacaban. ¡¡¡Pero ahora se experimentan las virtudes en grado **heroico**, aquellos dones que mueven montañas y que jamás pensamos que llevábamos adentro nuestro!!!.

El mecanismo por el cual sucede esta apertura de ojos es llamativo. Si la persona intentara buscar métodos puramente **psicológicos** para alcanzar este conocimiento de sí mismo no llegaría hasta este nivel.

Es que en esta etapa suelen suceder situaciones externas (que la persona jamás buscaría por cuenta propia) que la colocan en una situación incomparablemente adecuada para conocer sus peores defectos o sus mejores y más admirables dones y virtudes.

Pero esas situaciones externas son tan **extremas** que causan ciertos temores, ansiedades o incertidumbres.

Esa **radicalidad** de la situación es una experiencia que la persona nunca hubiera buscado por sí misma.

Veamos algunos ejemplos:

Imagínate que a los 55 años te encuentras trabajando en una empresa o institución.

Piensa además que estuvieras desempeñando una función como alto ejecutivo o como jefe de alguna área.

Imagínate también que en aquel trabajo has estado durante los últimos 20 o 25 años.

Puedes saborear la situación de saber que tu cheque mensual tiene expresado una gran parte de tus ingresos por la **antigüedad** en la empresa o institución.

También puedes notar que tu jubilación pareciera estar **asegurada** por los años que has aportado.

Al mismo tiempo, tantos años en la empresa parecieran sugerir que tu **estabilidad** laboral ha llegado a un máximo esplendor.

¿Quién te **despediría** después de tantos años dedicados a ese trabajo?

¿Quién sería capaz de despedirte luego de que tú le dedicaras tantos años de tu vida y de tu esfuerzo cotidiano a la institución?

¿Qué institución o empresa sería capaz de asumir los **costos** de tal decisión con la indemnización que representaría semejante sentencia?

De repente, ¡¡¡una crisis mundial!!!, como la que actualmente se produjo a lo largo de los años 2009 y 2010, causa tal descalabro económico y social, que la empresa quiebra y tú has quedado de patitas en la calle.

¿Quién se hubiera buscado adrede una situación así?

¡¡¡Verdaderamente situaciones como esta no son de las que las personas anhelan!!!.

Pero en la vida pueden llegar a suceder cosas parecidas.

Tal acontecimiento irrumpe de una manera inesperada, no buscada.

De repente la situación nos marca nuestras debilidades o labilidades. Las "seguridades" o "estabilidades" volaron.

Ahora hay que buscar nuevos horizontes pero la persona siente que no está **capacitada** para tal objetivo.

Además los jóvenes tienen una formación más adecuada a la época (computación, web, tecnología, etc.), y además buscan remuneraciones mucho menores comparadas con las de aquel que tiene un ciclo vital de 55 años.

Ahora la persona tendrá que admitir que no estaba preparada para algo así y deberá afrontar nuevos retos a una edad en la cual esperaba estar "**acomodada**"...

Las carpetas médicas...

El viento del noreste soplaba con intensidad, justo en dirección contraria a la que me dirigía trotando.

Cada día por la tarde me zambullía en la maravilla de ejercitarme atravesando el paisaje costero.

Estaba bordeando la playa de la Ciudad de Miramar, allí donde actualmente resido.

El mar, imponente y brillante, sacudía con sus ritmos la plácida tarde de marzo. Los balnearios iban desarmando sus infraestructuras al término de una temporada frenética de verano.

Siempre amé la época de marzo en donde la costa comenzaba a quedar nuevamente en manos de los que vivimos en la ciudad.

Playas amplias con escasa concurrencia de personas.

Sobre el sendero costero había numerosas personas que intentaban, como yo, buscar actividades físicas para mantenerse saludables.

Es increíble como en pocos años la costa comenzó a llenarse más y más de personas en búsqueda de actividades saludables y deportivas. Aparentemente la "moda" de lo saludable, y todos sus productos "verdes", habían aterrizado con fuerza en esta ciudad.

Mis oídos estaban atentos al **audiolibro** que escuchaba sobre desarrollo personal con mi MP3.

No hay nada más lindo que realizar una actividad saludable para el cuerpo al tiempo de escuchar algún audiolibro o seminario que sea también saludable para la mente y el espíritu.

El autor del audiolibro era el conocido Camilo Cruz.

De repente, más allá de la excepcional motivación que irradian sus libros, mis pensamientos se alejaron de los oídos para posarse en el trabajo cotidiano que tenía en una institución estatal.

Verdaderamente tal institución, el Poder Judicial de la Provincia de Buenos Aires, se enmarcaba en el ejemplo clásico y característico al cual hacíamos referencia en párrafos anteriores.

La tan preciada **"estabilidad"** es frecuente y posiblemente la mayor enemiga del progreso y del desarrollo personal.

Por suerte había escuchado esta última frase en mi juventud en otro contexto, y por ello nunca había comprado la idea de buscar tanta estabilidad que terminara por **esclavizarme**.

Sin embargo, algunos de mis colegas y compañeros de trabajo sufrieron los embates de las modificaciones en las leyes penales en el año 2007 que terminaron con los Tribunales de Menores en la Provincia de Buenos Aires y se transformaron en Tribunales de Responsabilidad Penal Juvenil, y también se dividieron en Juzgados unipersonales los que eran los Tribunales colegiados de Familia.

Este cambio significó que muchos de los integrantes de los antiguos Tribunales quedaran sin un lugar específico de traslado porque los nuevos Juzgados no los habían convocado.

Había particularmente algunos de ellos que sucumbieron al fenómeno del cambio sin siquiera poder adaptarse a nuevas instituciones.

He escuchado que algunos buscaron la estrategia de pedir **carpeta psiquiátrica** debido al estrés del cambio o buscaron frenéticamente que alguna nueva ley estatal mágica les permitiera jubilarse con algunos años menos que los habituales 60 años necesarios para gozar de una jubilación algo digna.

Es decir que muy pocos pudieron adaptarse a los nuevos desafíos que proponía el cambio, o en este caso la crisis.

En numerosos seminarios de desarrollo personal la palabra **"crisis"** es tomada como sinónimo de "oportunidad".

Para alguien que se encuentra en esta etapa esta situación podría marcar parte de lo que le falta para dar un nuevo paso en su vida.

Pero igualmente cuando llegan estas situaciones son pocos los que la ven con los anteojos de la "oportunidad", y generalmente es tomada como si fuera una maldición en lugar de una bendición.

Hay escenarios, como el recién descripto, que invitan al cambio por una cuestión puramente fortuita y exigen que la persona busque desde su interior todos los recursos necesarios para poder avanzar en este contexto.

Pero hay otras veces que las circunstancias son totalmente diferentes, y podrían darse luego de haber tocado cierto techo en el contexto vincular, afectivo, social o laboral.

Veamos un ejemplo.

Las casitas de Raúl y Sara...

Raúl y Sara son unos pequeños emprendedores que a través de un local de insumos de computación en una importante calle céntrica de la ciudad populosa de Mar del Plata, habían logrado instalar en sus tiempos libres una ONG (Organización no Gubernamental) dedicada a la construcción de viviendas para los "sin techo".

Invirtieron tiempo y dinero en aquello que les brotaba desde las entrañas.

Tal vez Raúl huía inconscientemente de su pasado humilde, o tal vez por el contrario perseguía los anhelos de su interior de modelar la casa propia en miles de personas que no han tenido su suerte.

El discernimiento de tales ideas se las dejo a algún psicólogo, ya que frecuentemente se cae en la tentación de intentar **interpretar** lo que no necesita interpretación. Frecuentemente tales interpretaciones son sólo "pincha gracia". Es decir que siempre hay personas que están buscando una interpretación que opaca en cierta medida la obra maravillosa de alguien.

El sueño de la ONG se hizo realidad, y Raúl y Sara pasaron dos décadas de la vida profundamente dedicados a tales anhelos.

Una llamada en su celular atrajo la atención de Raúl. El número que se inscribía como prefijo, insinuaba ser de procedencia lejana.
La tonalidad del interlocutor marcaba como cierta la hipótesis anterior.
Se presentó como Mr. Arthur Stevenson, del Departamento de Logística y Planeamiento de la ONU.

Un antiguo jefe de Raúl había llegado a las altas esferas de la ONU como delegado de un partido político, y lo había recomendado para realizar una tarea que excedía, según la percepción del propio Raúl y también de Sara, todo lo que ellos mismos conocían en el ámbito de la construcción de viviendas.

Stevenson les propuso en pocas líneas, dirigir un proyecto de reconstrucción de una ciudad del medio oriente que había sido desbastada por la guerra.

Ellos nunca hubiesen imaginado ni planeado semejante proyecto. Raúl y su esposa Sara eran conocidos por volar bien alto en sus anhelos. Pero ni ellos mismos podrían haber siquiera proyectado semejante desafío.

Allí conocieron que la vida les otorgaba la **oportunidad** para dar un nuevo salto. ¡¡¡Y lo lindo del caso es que ellos se animaron a saltar!!!

Como este ejemplo se podrían dar varios más.

En esta etapa la persona no solo intuye sino que conoce que deberá aprender nuevas formas de soltar la riqueza que lleva adentro o aprender a ejercer nuevos roles si pretende seguir avanzando.

Querido lector y amigo de caminos, hemos atravesado la descripción de diferentes etapas y verás que cada una de ellas supone nuevos desafíos y una disposición interior para sumir nuevos roles y cambios.

Pero en esta etapa hay un valor todavía muchísimo más grande, porque es la antesala del salto más grandioso e inmenso que te hayas imaginado.

Imagínate que hasta aquí se han ido dando situaciones para crecer en lo personal hasta las cumbres del éxito profesional, empresarial, matrimonial, espiritual, o laboral.

Pero cuando alguien continúa creciendo y se anima a saltar todavía más arriba, ese crecimiento se transforma en **abundancia** y **oportunidades** para **otros**. Es decir que el que traspasa estas etapas luego engendra oportunidades para otras personas que ni siquiera imaginó que influiría con su testimonio u obra.

La Chaqueta Verde de Mister Cabrera...

Ayer por la noche estaba observando un programa de televisión en el cual se la hacía un reportaje a Ángel Cabrera, golfista argentino que acababa de ganar uno de los torneos de golf más prestigiosos del mundo en Augusta. El periodista de la CNN intentaba buscar las preguntas adecuadas para que Ángel pudiera expresar los sentimientos que brotaban de su interior.

Él, muy calmado, narraba el proceso por el cual había llegado a semejante éxito personal.

Comentaba que había comenzado a los 20 años como caddie en un campo de golf en Villa Allende (Provincia de Córdoba, Argentina), y que había entrenado durante 19 años para lograrlo.
En Argentina la situación de los golfistas es bastante diferente a la de otras partes del mundo. Generalmente los golfista profesionales de Latinoamérica surgen de estratos sociales humildes porque comienzan, como Cabrera, trabajando como caddies y así aprenden a jugar.

Había sido un gran esfuerzo, repetía. Pero lo más importante era que dos años atrás, y luego de muchos años de intentarlo, había conseguido el primer torneo importante, el US Open.
Luego de aquel notable triunfo se le habían dificultado las cosas porque a partir de tal éxito su vida había cambiado enormemente.

Inmediatamente después de ese preciado trofeo, cada vez que Ángel hacía un mal hoyo la gente le preguntaba qué le había sucedido.
Unos días antes, cuando pocas personas lo conocían, nadie le preguntaba nada después de un mal hoyo o un mal día. Esta situación lo había incomodado tanto que los meses siguientes fueron difíciles y sin éxitos.

En el reportaje también contó que tuvo que trabajar su interior para acomodar las cosas a su situación actual de estar entre los golfistas que ganan los torneos más importantes del mundo.

Ahora este éxito en Augusta le hacía pensar que su carrera también iba a ayudar a los caddies de Villa Allende con quienes él tenía una relación cercana.

Para él esta era una oportunidad para **irradiar** en esos chicos humildes la esperanza de que se pueden alcanzar grandes metas en la vida si uno tiene claro qué es lo que quiere más allá de la situación social en la cual se está inmerso.

También era una oportunidad para ayudar económicamente, tanto a los chicos de su pueblo natal como a sus familias.

¿Te das cuenta?, ahora el éxito comenzaba a virar hacia la generación de oportunidades hacia otros.

Primero él mismo tuvo que vencer obstáculos interiores, pero luego se transformó en un **mentor** para otros y en generador de circunstancias nuevas hacia todos aquellos que ahora lo observaban.

Pero antes de llegar a la última etapa tuvo primero que realizar cambios interiores y no exteriores.

Tuvo que bucear en las raíces de su interioridad para notar que su **ego** le imponía una presión auxiliar que le hacía intentar **sostener** una **imagen**.

Es así que antes de seguir avanzando primero habrá que dar por **muerto** al **ego**, y esta es una tarea que sin ayuda extra, de circunstancias no esperadas, es imposible lograrlo.

El ego nos hace:
sostener imágenes a fuerza de tareas sobrehumanas;
nos hace buscar ser reconocidos;
nos hace demandar ser tenidos en cuenta;
nos hace perseguir "seguridades";
nos hace temer el rechazo de los demás;
nos hace temblar ante la posibilidad de que los demás conozcan o descubran nuestras debilidades;
nos impone una carga de ansiedad extra ante el temor al fracaso;

nos hace huir de los grandes desafíos por temor a no poder sostener ni siquiera los grandes éxitos!!!

Cambiando por dentro...

Estaba pensando si a lo largo de todo este recorrido habías podido ir notando de qué manera se va creciendo en lo económico, en lo laboral, en lo vincular, en lo espiritual, en el estilo de vida saludable, en el disfrute.

Y también me preguntaba si habías podido darte cuenta que todo ese crecimiento no depende de circunstancias externas sino de cambios interiores.

Muchas personas que buscan crecer en todas estas áreas generalmente creen que se necesitan circunstancias externas extraordinarias para lograr esos objetivos, pero lo cierto es que los cambios deben ser interiores y no exteriores.

Algunos creen que se necesita haber nacido en una familia acomodada, o en una ciudad determinada, o con el factor "suerte" de su lado.
¡¡¡La verdad es que para llegar a estas alturas es necesario cambiar por dentro!!!

Quien llega a esta etapa lo sabe con **certeza**. Por ello ya no espera la **"suerte"** sino sólo perseverar en lo cambios interiores necesarios para seguir avanzando.

Ahora puede también comenzar a saborear algunos logros enormes pero por el momento **pasajeros**, fruto de todo su caminar anterior.

Lo "pasajero" de esos logros puede llegar a frustrar un poco porque quien los gusta, desea continuar así de manera más frecuente.
Pero en esta etapa esos logros son todavía pasajeros, y luego la persona vuelve a sus limitaciones cotidianas porque es todavía incapaz de sostener y secundar la gracia interior, allí donde se manifiestan sus mejores dones...

Aquí quisiera comentarte algo respecto de esos **logros**.

Primero: son enormes, es decir que son mucho más grandes en proporción con las expectativas de los esfuerzos que se pusieron para lograrlos. No hay una relación coherente entre causa-efecto, porque los efectos son muchísimo más formidables que los esfuerzos previos.

Segundo: frecuentemente son inesperados y sorprenden tanto que la persona no puede no estar inmensamente **agradecida,** porque nota que no venían de su propio esfuerzo. Es algo más bien recibido, es decir algo "dado".

Hay una lectura Bíblica que grafica en parte la **bendición** que se recibe en estas últimas etapas.

También hace referencia a las **pruebas** que la persona pasó a través de las etapas anteriores, y también advierte sobre los **cuidados** que hay que tener de cara al futuro para no olvidarnos que todo este crecimiento no es fruto de nuestro esfuerzo sino del abandono y del secundar la gracia y la bendición..

Deuteronomio 8,7-18.

*Sí, el Señor, tu Dios, te va a introducir en una **tierra fértil**, un país de torrentes, de manantiales y de aguas profundas que brotan del valle y de la montaña.*

Una tierra de trigo y cebada, de viñedos, de higueras y granados, de olivares, de aceite y miel; un país donde comerás pan en abundancia y donde nada te faltará, donde las piedras son de hierro y de cuyas montañas extraerás cobre.

Allí comerás hasta saciarte y bendecirás al Señor, tu Dios, por la tierra fértil que él te dio.

*Pero ten **cuidado**: no olvides al Señor, tu Dios, ni dejes de observar sus mandamientos, sus leyes y sus preceptos, que yo te prescribo hoy.*

Y cuando comas hasta saciarte, cuando construyas casas confortables y vivas en ellas, cuando se multipliquen tus vacas y tus ovejas, cuando tengas plata y oro en abundancia y se acrecienten todas tus riquezas, no te vuelvas arrogante, ni olvides al Señor tu Dios, que te hizo salir de Egipto, de un lugar de esclavitud, y te condujo por ese inmenso y temible desierto, entre serpientes abrasadoras y escorpiones.

No olvides al Señor, tu Dios, que en esa tierra sedienta y sin agua, hizo brotar para ti agua de la roca, y en el desierto te alimentó con el maná, un alimento que no conocieron tus padres. *Así te afligió y te puso a* **prueba**, *para que tu vieras un futuro dichoso.*

No pienses entonces: "Mi propia fuerza y el poder de mi brazo me han alcanzado esta prosperidad". Acuérdate del Señor, tu Dios, porque él te da la fuerza necesaria para que alcances esa prosperidad, a fin de confirmar la alianza que juró a tus padres, como de hecho hoy sucede.

Veamos un ejemplo que describe los esfuerzo de las primeras cuatro etapas de sacar agua del pozo para ver la diferencia con lo que aquí describimos.

La axila de Griselda...

Mientras enarbolaba el codo hacia el techo para sostener el cepillo de cabellos, Griselda repasaba una a una las palabras que pronto pronunciaría por primera vez frente a un auditorio en un pequeño teatro de la calle Corrientes.
Era septiembre de 1997, y la lluvia y el frío se habían olvidado que ya había comenzado la primavera en el hemisferio sur.
El teatro comenzaba a denotar sus luminarias sobre una vereda en mal estado.

Si bien el clima no acompañaba el debut, en peor estado estaba Griselda que sucumbía casi bajo un estado de pánico.

Siempre había querido dedicarse a la actuación, pero ahora ese "siempre" se hacía temerariamente presente.

De repente recordaba que hasta algunas horas atrás estaba repartiendo volantes con sus dos mejores amigas y su novio en alguna de las esquinas de la concurrida avenida.

Sus amigas y ella misma habían inundado la Avenida Corrientes de volantes que invitaban a la obra.

Ella sentía algo raro al repartir personalmente los volantes porque pensaba en su interior que las grandes actrices no estaban en Rodeo Drive de Hollywood repartiendo volantes de su próxima película.
Pero sabía que nadie la reconocería algunas horas más tarde con el maquillaje y el ropaje que llevaría encima.

Su novio, sin bien las había acompañado hasta la esquina, guardaba una distancia prudente, sentado bajo el techo que lo acobijaba de la lluvia, en un balcón saliente.
Él había diseñado los panfletos, pero de allí a estar repartiéndolos por la calle ¡¡¡había una gran distancia!!!

Virginia, Teresa y Santiago eran parte también del elenco, pero el teatro para ellos era sólo un pasatiempo. Casi sin conciencia del debut, habían estado preparando los detalles sin demasiadas expectativas sobre la cantidad de personas que asistirían a esa primera obra.

Pero para Griselda la situación era muy diferente. La actuación era parte de su vida. Desde muy niña en las fiestas familiares se había disfrazado de todo tipo de personajes. Era recordada porque a los 6 años ya se había disfrazado de Papá Noel.

Mientras su cepillo para el pelo se escondía en los vaivenes del cuello, Griselda notó que el sudor ya había cobrado su primera víctima. La axila expresaba metafóricamente la interioridad de la actriz.

Para intentar publicitar la obra, decidieron imprimir dos mil volantes para repartir a la salida de los diferentes eventos culturales de la famosa avenida, de manera de llegar al mayor número de clientes posible y así intentar captar algunos que estuvieran interesados en ser espectadores de la obra.

Dos semanas después comenzaba la obra. Los temores de saber a cuántos habían conquistado para participar como espectadores iban en incremento.

Llegado el día, iban entrando al teatro los familiares más cercanos de Griselda. Su madre siempre estaría en un evento así. Se había trasladado desde las afueras de Claypole para llegar a horario.
En primera fila también estaba su hermano menor Josecito, que estaba más preocupado por tratar de conseguir un pochoclo que por el inicio de la obra.
En primera fila también estaba su cuñada Marcela, hermana de su novio, quien la había acompañado en varias oportunidades a averiguar sobre escuelas de teatro.
Pilar, su amiga del secundario tampoco había faltado a la cita.

Pero si bien la primera fila parecía bastante concurrida, la segunda, tercera, y siguientes estaban impactantemente vacías.

Luego de semejante visión, Griselda con una mezcla de frustración por la escasa concurrencia, y de excitación ante el inicio del evento, salió disfrazada para dar inicio a su rutina, olvidándose por unos minutos de las incomodidades pretéritas, para dejar volar la alegría que le producía estar arriba del escenario.

Los aplausos impregnados de satisfacción de los cinco espectadores llenaron hasta la última molécula del teatro.

Había sido un esfuerzo descomunal y los efectos eran mínimos comparados con la energía colocada en el inicio (causa).

En etapas iniciales, situaciones como esta se presentan a diario. Mucho esfuerzo y escasos frutos.
En cambio durante la etapa que ahora nos compete la situación se revierte completamente.
Poco esfuerzo y frutos extraordinarios (fuera de lo ordinario). Es decir frutos que parecieran no encajar con los esfuerzos del inicio.
De repente el teatro se llena sin que hubiera un gran esfuerzo de difusión de parte de quien lo protagoniza.

El esfuerzo previo a cualquier fruto, en las primeras etapas, es descomunal, en las últimas etapas es mínimo comparado con los resultados. Pero claro el esfuerzo se centra en ser dócil a la gracia, que pareciera ser fácil pero no lo es.

¿Te das cuenta que en esta etapa pasan cosas que no son medibles matemáticamente?
Secundar la gracia y dejarse llevar por las inspiraciones es una tarea que requiere de un espíritu humilde y flexible.

Es más fácil decirle a la Gracia: "vení seguime que yo te digo por donde tienes que ayudarme…". Llena el teatro, dame tal pareja, incrementa mi salario, etc, etc, etc.

Es más difícil estar atento a la Gracia y seguirla por donde nos invita a caminar. Muchas veces por lugares que nosotros no hubiésemos decido ir.

Pero la verdad es que si Dios con su Gracia nos sigue, y persigue nuestros caprichos, va a terminar igual que nosotros.

En cambio si nosotros lo seguimos, terminaremos a donde Él nos quiere llevar, y eses lugar se llama **FELICIDAD PLENA**.

Estamos acostumbrados a imaginar a Dios como un dios de bolsillo que tendría que venir detrás nuestro como si nosotros fuéramos sabios que le decimos a él por dónde hay que ir para alcanzar nuestros sueños.

El camino a nuestros sueños es responsabilidad y sabiduría de Dios y su gracia.

Por eso dejémosle a Él que nos conduzca. Y nosotros, como ovejas de su rebaño, sigámoslo confiadamente, sabiendo que nos llevará hacia nuestros mayores anhelos y todavía más allá.

Pero, por ahora, en esta etapa esos frutos extraordinarios todavía no son permanentes hasta recién entrada la siguiente etapa.

Se comienza a gustar que secundar la gracia y seguir a Dios produce frutos extraordinarios. Pero por ahora sólo de manera transitoria.

Por ello ahora quiero decirte que más allá de las vicisitudes de este período, si estás focalizado en continuar avanzando, luego llega la tan anhelada última fase...

Capítulo 7

La Lluvia...

Cuando hablamos de lluvia estamos queriendo decir que el agua corre totalmente sin esfuerzo y sin que nosotros hagamos algo al respecto. Es una lluvia de bendiciones.

Es una lluvia que representa una cosecha abundante allí donde durante muchos años parecía que no corría el agua.

De repente, como en el pasaje bíblico de la pesca milagrosa, la persona que está atenta y es dócil, comienza a experimentar que los frutos que cosecha son inmensamente ricos allí donde antes no había ni una gota de agua.

"En aquél tiempo la gente se apretaba alrededor de Jesús para escuchar la palabra de Dios, a la orilla del lago de Genezaret. Vio dos barcas amarradas a la orilla del lago. Los pescadores habían bajado a lavar las redes.

Subió a una de las barcas que era la de Simón y le pidió que la apartara un poco de la orilla: se sentó en la barca y empezó a enseñar a la muchedumbre.

Cuando terminó de hablar dijo a Simón: "Lleva la barca a la parte más honda y echa redes para pescar".

*Simón respondió: "Maestro hemos trabajado **toda la noche** sin pescar nada, pero sobre tu palabra echaré las redes".*

Y al echar las redes pescaron tal cantidad de peces que las redes se rompían.

Pidieron por señas a sus compañeros que estaban en la otra barca que vinieran a ayudarlos; vinieron y llenaron tanto las dos barcas, que se hundían.

Al ver esto, Simón Pedro se arrojó a los pies de Jesús diciendo: "Apártate de mí, Señor, porque soy un pecador".

*Pues, tanto él como sus compañeros **estaban asombrados** por la pesca que acababan de hacer.*

Lo mismo le pasaba a Santiago y a Juan, hijos de Zebedeo, compañeros de Simón.

Pero Jesús dijo a Simón: "No temas, de hoy en adelante serás pescador de hombres". Entonces llevaron sus barcas a tierra, lo dejaron todo y siguieron a Jesús". (San Lucas 5, 1 a 11).

La etapa de la lluvia se caracteriza por llamarse Unión Transformante, y hace hincapié en la transformación que Dios realiza en el alma de la persona hasta que la habita completamente.

Pero si tú no eres muy creyente igualmente ten en cuenta que Unión Transformante es también sinónimo de **Fecundidad** y de **Engendrar** obras.

Para nosotros, que nos gusta mucho la espiritualidad, nos imaginamos a esta etapa como una unión matrimonial del alma con Dios, en la cual como fruto de esa unión esponsal el alma queda "embarazada" de obras.

¿Te parece muy loca la idea?

Imagina que las obras tienen un tinte tan irracional, comparado con el esfuerzo previo, que el alma se sorprende y no le queda otra que exclamar: "esto parece más de Dios que de mis propias fuerzas"!!!.

Unión transformante: Fecundidad

Tiempo atrás, imaginaba esta etapa como un cambio impresionantemente rotundo en la forma de ver y evaluar el mundo, en la forma de actuar, en la forma de percibir situaciones, en la manera diferente de los sistemas de creencias, y en los frutos que brotan sin aparentes esfuerzos previos. Pero tal imaginación era todavía **pobre** comparada con lo que realmente cambia durante esta fase.

¡¡¡El cambio es aún **mayor** de lo que imaginaba en un principio!!!

Es que no hay manera de describir situaciones que escapan a los **razonamientos lógicos**.

Pareciera que la lógica quedara en etapas anteriores y ahora se pasara a una simple, profunda y exuberante exclamación: ¡¡¡**oooohhhh**!!!

Es que para el razonamiento común, los frutos se consiguen cuando hay un esfuerzo para alcanzarlos. Pero en esta etapa sucede de manera diferente. Los frutos no tienen paralelismo con los esfuerzos hechos con anterioridad.

Por ello ya **no se puede** dar el consejo de "**haz como yo**", porque la persona nota que no es ella quien consigue los frutos por mayor esfuerzo que haya realizado.

Comienza aquí a haber un **corazón** verdaderamente **agradecido**, y nota que consigue objetivos mayores a los propuestos o soñados en un principio.

Si bien pareciera mágica esta situación, lo cierto es que para llegar aquí la persona debió atravesar las etapas anteriores.

Y tuvo que **secundar** aquellos sentimientos, creencias, y acciones que lo llevarían hasta esta etapa.

Secundar este tipo de sentimientos, creencias y acciones no es tarea fácil ya que generalmente nos quedamos pegados a hábitos afectivos, mentales o de nuestra voluntad, que reiteran las mismas actitudes y conductas que nos permitieron llegar hasta etapas anteriores pero no para seguir avanzando.

Por ello, llegar aquí ¡¡¡supone ser siempre **joven**!!!
Es decir renovarse continuamente y secundar aquello que nos hace crecer sin límites, aquello que nos hace cada día más plenos y felices.

Conozco personas que pasados ampliamente los 80 años siguen por el mundo como si tuvieran 20 años. Buscando nuevos objetivos, nuevos desafíos, nuevas situaciones que le generan plenitud.

Pero esta es una etapa en donde quien llegó hasta aquí comienza a ser modelo o mentor de los que quieren crecer.

Pero no han llegado hasta aquí por arte de magia. Cualquiera que secunda esas gracias puede llegar hasta aquí si coloca todo el esfuerzo en secundar la gracia y no en esfuerzos puramente voluntariosos.

"Secundar" no significa "pasividad". ¡¡¡¡Hay que hacer un gran esfuerzo en no hacer esfuerzos!!!!
"Secundar" significa poner las velas para aprovechar el viento hacia donde tiende ese viento o brisa.
En la historia de la espiritualidad a ese viento se lo llamó "espíritus".
Si viene de Dios ese "Espíritu" me lleva a frutos de amor, gozo, paz, tolerancia, benignidad, bondad, fe, mansedumbre y templanza.

Porque cuando estoy atento al interior y secundo gracias de alegría, felicidad o esperanza, tengo que hacer un gran esfuerzo para secundar estos estados y dejar de lado otros estados como la tristeza, desesperanza, o la depresión.

La **diferencia** entre esta etapa y la previa es que la persona reacciona de **manera habitual u ordinaria a la gracia**, en cambio en la anterior lo hace sólo ante situaciones que parecieran extraordinarias.

A simple vista la diferencia pareciera muy sencilla, pero no lo es. Nosotros tenemos arraigados un sin número de afectos, creencias, o actos que nos llevan a direcciones "**desgraciadas**". A secundar "espíritus" o vientos que no vienen de Dios sino de cualquier estado de ánimo pasajero o de criterios totalmente errados y enfermos.

Veamos algunos ejemplos:

Sentimientos y sensaciones de tristeza, ansiedad, depresión.

Sensación de soledad o abandono.

Percepción de estar siendo evaluado o juzgado constantemente.

Miedo al rechazo o a la indiferencia de otros.

Temor a no ser tenido en cuenta o a no ser estimado por otros.

Miedo al ridículo.

Miedo al fracaso.

Deseos desordenados de ser tomado en cuenta.

Miopía para ver la riqueza de los otros, sobre todo de aquello que me producen reacciones negativas.

Creencias limitantes sobre la propia capacidad.

Creencias erradas sobre el amor o el perdón.

Creencias nefastas sobre la forma de comunicarse con otros.

Dogmas enfermos o enfermizos sobre la culpabilidad propia o ajena.

Afirmaciones negativas sobre el pasado, presente o futuro.

Ideas desfavorables sobre por qué la gente hace lo que hace o piensa lo que piensa.

Afirmaciones duras sobre la vida, sobre la forma de vivir o sobre la forma de alcanzar los ideales.

Opiniones falsas sobre lo difícil que es cambiar.

Hábitos conductuales adictivos.

Acciones contradictorias o saboteadoras de los ideales u objetivos.

Vicios y desenfrenos que nos llevan en dirección contraria a lo que anhelamos.

Rituales familiares o sociales que nos esclavizan.

Formas de comunicación enferma.

Roles distorsionados.

Costumbres familiares o sociales que nos llevan en sentido inverso a nuestros sueños, o que nos convierten en mediocres.

Todos estos sentimientos, creencias, o acciones deberán cambiarse por sentimientos, creencias o acciones que nos potencian. Es decir que tienen origen en Dios, es decir en el buen "Espíritu" o viento de Gracia.

Por ejemplo:

Sentimientos de fortaleza para buscar lo que más queremos en la vida.
Sentimientos de alegría y paz.
Percepción de lo maravilloso y bueno que es el mundo.
Deseos de amar a todos, aún a los que no son amables.
Ganas de experimentar nuevas caminos para alcanzar nuestros ideales.
Gozo profundo al notar la riqueza que lleva cada ser humano en sus entrañas.
Creencias que nos hacen notar las maravillas que llevamos como dones o carismas personales.
Mansedumbre y prudencia para discernir lo que nos alienta.
Dogmas que nos liberan y nos potencian para crear el mundo que buscamos y soñamos.
Creencias sobre lo sencillo y fácil que es alcanzar la plenitud y la felicidad en la vida.
Fe en que se puede alcanzar en esta vida la felicidad en su totalidad.
Hábitos fructuosos.
Acciones que nos permiten secundar todo aquello que nos lleva hacia nuestros objetivos.
Ritos y costumbres, familiares y sociales, que nos liberan.
Hábitos mentales y comunicacionales que nos llevan hacia la esperanza plena.
Armonía en el actuar.
Secundar la gracia a cada instante de manera habitual y ordinaria.
Ser siempre joven en la forma de percibir y actuar ante los nuevos desafíos.

Para pasar de un lado hacia el otro no es necesario gran esfuerzo sino una gran **DOCILIDAD.**

La docilidad es parte de la materia prima del "**crecido**", del que ha alcanzado las alturas de esta última etapa.

La gracia para llegar a esta última etapa ha estado siempre en el interior. Pero la diferencia entre un **principiante** y un **crecido** es que este último ha hecho del "**secundar la gracia**" una forma habitual y ordinaria de vida, mientras que el principiante lucha entre el infierno y el cielo a cada instante, porque todavía cree que algunos de sus sentimientos negativos, creencias negativas o acciones negativas son lógicos, verdaderos o creíbles.

El **caminante,** por su lado, comienza a notar que estos dos mundos se dirimen en su interior pero todavía carece de las herramientas necesarias para desarrollar la docilidad extrema que se necesita para arribar a este último estadio de felicidad abundante y plena.

De aquí en más, **la docilidad te llevará** hasta lo inimaginable. Hasta donde las fuerzas puramente humanas ni siquiera se hubiesen animado a llegar. O hasta donde nunca te hubieses animado a soñar.

Pero créeme que es sencillo.
Sólo se trata de ser fiel al impulso interior que te propone todo el tiempo arremeter hacia tus ideales más encumbrados o soñados.
Por ello es indispensable que primero sepas ¿Qué quieres?

Y desde allí secundar todo el tiempo los sentimientos, creencias, o acciones que te lleven hacia ello.

En esta última etapa la persona se sorprende por los frutos, pero lo sorprendente nos son los frutos sino la docilidad interior que ha desarrollado y que ahora le permite gozar de la felicidad más plena.

Conoce tu interior.
Allí está todo aquello que te he contado.

Busca a tus **modelos** en cada área e imita sus sentimientos, creencias, y acciones, y obtendrás los mismos resultados, porque la gracia es similar en ellos a la que tú tienes en tu interior.

Y si **secundas** esa gracia, entonces arribarás al mismo puerto.

Sólo tienes que impedir secundar lo que no te ayuda y sólo secundar la gracia. Esta tarea es más difícil al principio porque arrastramos nuestros vicios en cada nivel pero, a medida que lo intentes, esto se transformará en hábito y luego el hábito te llevará sin esfuerzo.

El maestro es aquel que actúa de manera **"ordinaria"** pero de forma tal que otros llaman **"extraordinaria"**. Es aquel que ha aprendido como buen discípulo de sus maestros, y luego él será un maestro para otros.

Si quieres crecer en lo **espiritual** tendrás que meterte en el mundo de tus modelos. Aprenderás de ellos lo que necesites para crecer en ésta área.

Si quieres crecer en lo **íntimo** y conocer las riquezas que llevas dentro, tendrás que meterte en el mundo de tus modelos. Aprenderás de ellos lo que necesites para crecer en ésta área de la interioridad.

Si quieres crecer en lo **afectivo**, y vivir en la plenitud del gozo, tendrás que meterte en el mundo de tus modelos. Aprenderás de ellos lo que necesites para crecer en tus afectos, hacerlos más armoniosos y plenos, más alegres y pacíficos.

Si quieres crecer en lo **vincular** y alcanzar la maravilla de una vida de relaciones plena, fecunda y activa, tendrás que meterte en el mundo de tus modelos. Aprenderás de ellos lo que necesites para crecer en ésta área. Como entablar amistades duraderas, socios para tus empresas, comunidades para compartir tus sueños.

Si quieres crecer en lo **económico** y desarrollar la libertad financiera en tu máxima potencialidad, tendrás que meterte en el mundo de tus modelos. Aprenderás de ellos lo que necesites para crecer en ésta área. Para conquistar las alturas económicas que te permitan desarrollar tu potencial al máximo y también el potencial de otros.

Si quieres crecer en lo **laboral** y desarrollar tu misión, tendrás que meterte en el mundo de tus modelos. Aprenderás de ellos lo que necesites para crecer en ésta área. De manera que poco a poco tu trabajo sea tu vocación y tu misión, y no puramente una fuente de donde sacar un salario.

Si quieres crecer en la **vida saludable** y alcanzar el máximo de tu potencial tendrás que meterte en el mundo de tus modelos. Aprenderás de ellos lo que necesites para crecer en ésta área, y así mantener un cuerpo vibrante, lleno de energía, y que arrastre a otros a buscar también aquello que da vida a sus cuerpos y a sus mentes.

Si quieres crecer en la alegría del **disfrute**, tendrás que meterte en el mundo de tus modelos. Aprenderás de ellos lo que necesites para crecer en ésta área, para irradiar un estilo de vida que sea ejemplo para otros que quieran vivir también en la alegría y en la pasión.

En nuestro **próximo libro: "Taller Camino a la Libertad"** te compartiremos lo que nuestros modelos nos enseñaron. Habrá allí un montón de ideas y ejercicios de cómo avanzar en cada área. Pero tú, hoy mismo, puedes buscar tus propios modelos, aquellos que te inspiran la plenitud que anhelas.

Hacia el final de estas páginas, queremos regalarte una última frase hasta que nos volvamos a encontrar en el próximo libro, o en el próximo audio, o en el próximo taller, o en el próximo retiro.

Todo el proceso de crecimiento se reduce a ésta última frase.
Queremos regalártela para que la imprimas y la coloques en todos lados de tu casa cuando el desaliento, la falta de fe, o la duda te acechen.

Dios te dice:

"MI GRACIA TE BASTA"

....

(Coloca tu nombre aquí)

Esta es la promesa que Dios mismo le revela a San Pablo pero también te la revela a ti en este día.

Tienes **Gracia** de sobra para cambiar tu vida y trocarla en una llena de gracia.

Tienes **Gracia** de sobra para cambiar tus sentimientos negativos en unos llenos de alegría, fe y fortaleza.

Tienes **Gracia** de sobra para cambiar tus creencias limitantes en creencias sin límites que mueven montañas.

Tienes **Gracia** suficiente para cambiar tus acciones perjudiciales o contradictorias en acciones plenas que te lleven hacia la mayor riqueza que te hayas imaginado.

Tienes **todo** lo **necesario** para alcanzar la mayor plenitud.

Ahora sólo continúa secundando la **Gracia** y ¡¡¡no te detengas!!!

Capítulo 8

Libertad de las Libertades: de Pobre a Millonario...

¡¡¡¿¿¿Realmente quieres ir Hacia la riqueza más inmensa que puedas imaginar???!!!

Entonces quisiera proponerte un desafío que te desconcertará aún más que todo lo que te dijimos hasta el momento.

Para ser **Rico** hay que ser **POBRE**.

Si quieres ser inmensamente RICO en todas las áreas entonces hazte POBRE. Una pobreza que no significa indigencia, sino un desprendimiento de lo material, de cierta afectividad pegajosa, o de apego a la salud.

Es decir que tu felicidad no dependa de cuestiones exteriores como lo material o de algún vínculo en particular.

La felicidad es una cuestión interior y no exterior.

Por ello aquel que es **"pobre de espíritu"** es inmensamente rico porque su felicidad brota desde adentro y no por cuestiones exteriores.

Te compartiré un gran secreto.

El desprendimiento de lo material o del apego a las personas o del apego a la salud, otorga una libertad que sólo aquel que se atreve a experimentarla es capaz de entenderla.

Desde este secreto, a lo largo de los siglos, muchos que lo han intuido, han dados pasos. Por ello grandes místicos han disfrutado y abrazado la pobreza.

Para nosotros esta pobreza significa ser **desprendido**.

Algunas personas quieren alcanzar la libertad que brinda la pobreza a través de dejar de crecer en lo económico o en lo vincular o en la vida saludable.

Lamentablemente este malentendido termina repercutiendo en los que los rodean que tienen que abastecerlos económicamente, o afectivamente, o médicamente.

Ser pobre de espíritu no es lo mismo que conformarse con ser indigente o consentir la escasez material, o consentir que nos odien y persigan, o consentir las malas relaciones vinculares, o consentir y secundar la enfermedad.

Ser pobre significa crecer económicamente hasta el máximo de nuestro potencial y generar así oportunidades también para otros, pero sin que ese crecimiento comprometa nuestra libertad interior.

Es crecer hasta el máximo en nuestra relaciones vinculares, sin que nuestra felicidad dependa del éxito o del fracaso de un vínculo en particular.

Es crecer sin parada en el potencial de vida saludable sin que las limitaciones ocasionales, las enfermedades agudas o crónicas, opaquen nuestra felicidad interior.

En esta última etapa de crecimiento se alcanza esta libertad que podríamos llamar como **"la libertad de las libertades"**.

Muchos confunden la idea de ser desprendido y humilde con vivir en la necesidad constante, vivir en la indigencia, vivir sin buscar mejorar los vínculos, vivir siempre enfermo, vivir con sobrepeso, vivir perseguido y criticado.

Actuar así es limitar nuestra propia riqueza interior, y hacer esto sería una **negligencia** en tres diferentes sentidos:

1. Con nuestro **Creador**, en primera instancia, porque Él puso en nuestro interior un potencial para que crezcamos sin límites, y si no secundamos esta gracia entonces seríamos como aquel servidor al cual se le dieron los talentos y no los puso a trabajar.

2. Con **nosotros mismos**, en segunda instancia, porque no extraeríamos de nuestro ser lo mejor, y por ello no nos conoceríamos en verdad.

3. Con **las demás personas**, en tercera instancia, porque se privarían de los tesoros que llevamos adentro para compartir con otros y edificar así una sociedad más plena.

Libertad significa vivir en un eterno presente pleno de felicidad más allá de las cuestiones exteriores pasajeras tal vez adversas.

De todo lo que te fuimos compartiendo a lo largo del libro, esto último es lo más místico de todo, porque:

Los pobres y pacientes heredarán la tierra, heredarán la felicidad, heredarán la abundancia más absoluta.

Serán más ricos de lo que pudieran imaginar, porque poseerán el mayor de los tesoros.

Serán más fecundos de lo que pudieran sospechar.

Serán más felices de lo que pudieran desear.

Serán señores de su propia vida, porque Dios los quiere como hijos y no como esclavos.

Serán inmortales, porque vivirán desde ahora en la tierra como se vive en el cielo eternamente.

Este proceso de crecimiento en cada área supone ir creciendo en esta libertad, y créeme, que no hay mayor libertad que esta.

Un alma así vuela alto!!!, bien alto!!!

Esperemos que te atrevas a volar por estas alturas!!!.

Capítulo 9

Propuesta Final...

Ahora es tiempo que continúes "trabajando" en tu libertad y que también la **irradies** a otros.

Para despedirnos te proponemos algunas sugerencias que te pueden ayudar para continuar sobre este sendero.

Hemos creado un **Taller** que nos puede permitir acompañarte en tu proceso de crecimiento hacia la libertad en cada área.

Este Taller es una herramienta óptima para lograr los frutos que buscas.
Porque creemos que no es suficiente con leer un buen libro para alcanzar los logros que te mereces.

Por eso el Taller sirve para perseverar a lo largo de los meses en el proceso de crecimiento hasta que los hábitos se instalen de manera permanente en tu vida.

Este Taller mantiene varios formatos posibles, para que se adapten a tus posibilidades.

Taller en forma de libro...

Puedes encontrar el **libro** del **"Taller: Camino a la Libertad"** que te permite ir dando pasos perseverantes a lo largo de la realización de ejercicios concretos en cada área.
También aprenderás a evaluar y discernir esos pasos.

toioines2@yahoo.com.ar

En el libro "Taller Camino a la Libertad" se vuelca parte del conocimiento que nuestros referentes de cada área nos legaron para crecer sí o sí ¡¡¡sin paradas!!!.

Taller en forma de audio...

Este "Taller Camino a la Libertad" también lo puedes conseguir en formato de **audio**, de manera que lo puedas escuchar en tu celular o en tu automóvil o en tu computadora.

Taller en forma de grupos de acompañamiento...

Puedas **participar** del Taller Camino a la Libertad en alguna de las ciudades donde se dicte, uniéndote a un grupo de personas que quieren crecer como tú, con un programa de trabajo determinado que ayuda a perseverar en los cambios y en el crecimiento.

Crecer en soledad es más difícil. Unirte a otros que buscan el mismo objetivo de libertad es una forma estupenda de comprometerte con los cambios.
Los grupos se reúnen con diferentes frecuencias según las posibilidades de cada lugar.
Participar en los grupos es la forma de recibir el acompañamiento necesario para perseverar.

Taller en forma de proyecto vocacional y laboral...

O tal vez puedes sentir un llamado particular a **organizar** tú mismo el Taller Camino a la Libertad.

La posibilidad puede incluir la **dirección** del Taller Camino a la Libertad, aprendiendo así a dirigir un grupo.

¿De qué se trata esta propuesta?

Se trata de fundar un grupo de trabajo en tu propia ciudad, **uniéndote** así a nosotros como parte de nuestra organización.

Por eso organizamos encuentros de formación de los futuros coordinadores de grupos en diferentes ciudades del mundo, de manera que te formes como líder y puedas dirigir el taller.

En esta formación tendrás acceso al material necesario para que desarrolles el taller no sólo para ti mismo sino también para que aprendas a acompañar a otros hacia la libertad.

De esta forma estarías uniéndote a nosotros por vocación y con una propuesta laboral al mismo tiempo.

Es decir que ahora no tienes excusas!!
Tienes ante ti todas las herramientas necesarias para crecer en libertad!!!
Ahora sabes que eres co-creador de tu propio futuro.

Queremos saber más sobre ti y de cómo te fue en la lectura de este libro

Queremos saber de tus logros y de cada paso de libertad.

Queremos saber de tu vida y tus anhelos, para alegrarnos contigo.

Para comunicarte con nosotros escríbenos al siguiente mail:

toioines2@yahoo.com.ar

Te queremos.

Inés Cecilia Gianni y Toio Muñoz Larreta

Inés Cecilia Gianni y Toio (Víctor Manuel) Muñoz Larreta
Licenciados en Psicología (UBA)
Terapia Breve Sistémica, Psicología Corporal, y Logoterapia, orientadas a la sanación y crecimiento interior.

Índice

toioines2@yahoo.com.ar